사람의 몸에서 성경을 발견하는 **40일 묵상집**

BODY BIBLE
40일 묵상

이창우 박사 선한목자병원장

서우북스
SEOWOO BOOKS

CONTENTS

"Body는Bible 입니다.
인간은 Homo Biblicus즉 성경의 말씀으로
이루어진 인간입니다."

'Body는 Bible' 입니다.

우리의 몸은 살과 뼈로 이루어진 단순한 유기물이 아닙니다. 우리의 척추와 골반, 근육, 발과 어깨, 혈관 아니 우리 몸의 모든 신체 하나 하나가 우리 세포 속에 쓰여진 하나님의 말씀 그대로 이루어진 순종의 결정체인 것입니다.

저는 이런 인간의 원형을 'Homo Biblicus' 즉 '성경 말씀으로 이루어진 몸'이라고 확신합니다.

[바디바이블]이 출간되고 많은 독자들께서 하나님이 창조해 주신 사람의 몸이 얼마나 신비로운 은혜의 산물인가를 공감해 주셨고 감

사하게도 짧은 시간임에도 불구하고 14쇄를 발행하게 되었습니다. 이 모든 일이 하나님의 섭리임을 고백하며 하나님과 독자분들께 영광과 감사 드립니다.

[바디 바이블]책과 강연으로 독자들을 만나면서, 우리의 몸을 통해 하나님의 말씀을 보다 세심하게 살펴보고자 하는 열망과 요청을 느끼게 되었습니다. 이에 부응하고자 [바디바이블]을 기초로 하여 [40일 묵상집]을 편찬하게 되었습니다.

[바디바이블 40일 묵상집]은 잠, 골반, 밸런스, 줄기세포, 척추, 무릎, 발, 어깨, 근육, 혈액관리, 관절염의 총 11개의 주제를 40개의 작은 제목으로 묵상하였고, 또 자신의 묵상내용을 간단하게 기록하도록 하여 보다 깊은 영성의 시간을 갖는데 도움이 되도록 구성하였습니다.

우리의 몸은 성경처럼 묵상할 수 있는 말씀입니다.
40일 동안 우리 몸을 묵상하며 우리 몸 속에 써 놓으신 하나님의 마음, 즉 하나님의 열심과 사랑으로 우리를 하나님의 사람으로 완성시키시겠다는 하나님의 뜻을 발견하시길 바랍니다. 또한 우리의 몸이 하나님의 성전 삼으시고자 하는 '말씀' 그 자체라고 하는 신비를 나누기를 원합니다.

잠은 하나님께 맡기라고 하는 부르심입니다.

01일 _ 잠은 하나님께 맡기라고 하는 부르심입니다.

"실로 내가 내 영혼으로 고요하고 평온하게 하기를
젖 뗀 아이가 그의 어머니 품에 있음 같게 하였나니
내 영혼이 젖 뗀 아이와 같도다"(시131:2)

이 세상에서 가장 잘 자는 사람은 아기입니다. 아기는 하루에 18시간 이상을 잡니다. 그 자는 시간을 통해서 몸이 자라납니다. 아기가 잠을 잘 수 있는 이유는 엄마의 품에 안겨 있기 때문입니다.

그런 면에서 잠은 완벽한 맡김 그 자체라 할 수 있습니다. 몸과 마음의 완전한 무장해제이며, 내려놓음의 상태! 그러나 그 완벽한 잠이라고 하는 맡김의 상태 속에서 인간은 새로운 생명으로 태어나게 되는 것입니다.

오늘 읽은 시편 131편에서 다윗은 자신을 '어미 품에 있는 아이'라고 하지 않고 '어미 품에 있다가 젖을 뗀 아이'라고 표현 합니다.

어미의 품에 있다가 젖을 뗀 아이의 심정은 '근원에 대한 사무치는 갈망' 입니다. 그 품이 아니면 죽어 버릴 것 같은 상태! 아무리 소유가 많고 많은 권력을 가지고 있어도 절대적으로 해결되지 않은 인간의 근원적인 고통을 느끼고 있는 사람의 심정입니다.

뿌리에서 잘려나간 가지가 그 원뿌리를 사무치게 그리워하는 고백이 어미 품에 있다가 젖을 뗀 아이의 심정입니다.

많은 동물들 중에서 물에 빠져 죽는 유일한 동물이 있다면 그 동물은 바로 우리 인간입니다. 평생 우리 바깥을 나와 본 적이 없는 돼지를 물에 집어 던지면 물에 둥둥 잘 뜹니다. 물에 들어가 본 적도 없는데도 제 발로 물길 질을 해서 밖으로 나올 정도로 수영을 합니다. 소와 개를 비롯해 어떤 동물들도 마찬가지로 수영을 배우지 않았는데도 수영을 합니다.

그런데 유독 인간만은 수영을 배우지 않으면 물에 빠져 가라 앉습니다. 그러나 희한하게도 죽으면 물에 뜹니다. 본래 인간도 물에 뜨게 되어 있기 때문입니다. 폐에 내 주먹만한 공간이 있는데 이 공간만큼 물 보다 가벼워 뜨게 됩니다.

그럼 왜 인간만 가라 앉는 것일까요? 물에 자신을 맡기지 못하기 때문입니다. 왜 우리는 걱정을 하고, 스트레스를 받고 온 몸이 굳어버리고 혈관이 막히는 것일까요? 왜 암에 걸리고 화가 나고 병이 들어 물이라고 하는 이 삶의 해수면에 둥둥 뜨지 못하는 것일까요? 맡기지 못하기 때문입니다. 하나님의 품 안에 안기지 못하기 때문입니다.

잠은 하나님께서 우리를 안으시겠다는 사인입니다. 우리의 몸과 마음을 우리의 창조주이신 하나님께 온전히 맡기라는 고요한 부르심인 것입니다.

나의 묵상 🌿

_____

_____

_____

_____

_____

_____

잠은 하나님께 맡기라고 하는 부르심입니다.

02일 _ 잠은 에고(Ego)가 제로(Zero) 상태가 되는 연습입니다.

"너희가 일찍이 일어나고 늦게 누우며
수고의 떡을 먹음이 헛되도다 그러므로 여호와께서
그의 사랑하시는 자에게는 잠을 주시는 도다"(시127:2)

잠은 인간이 몸을 형성해가는 과정에서 일으키는 최초의 몸짓 입니다. 태아는 거의 모든 시간을 잠을 잡니다. 탄생의 순간부터 아기가 총력적으로 매달리는 1차적인 집착이 잠입니다. 먹는 짧은 순간을 제외하고 아기는 모든 시간 잠을 잡니다.

왜 생명들은 역동적인 움직임 보다 정적인 잠의 상태에 집중하는 것일까요? 왜냐하면 잠을 잘 때 우리 몸 안에서 생명을 향한 신비로운 일들이 일어나는 것을 우리의 생체 시계가 체질적으로 인식하고 있기 때문입니다.

잠은 부동의 정적인 상태이지만, 사실은 회복과 창조를 향한 '전력 질주'라 할 수 있습니다. 잠 자는 시간 동안 우리 몸에서는 긴장하던 대뇌가 긴장을 낮추게 되고, 모든 신체 기능이 회복과 새로운 창조를 위한 최소의 역할만 담당하게 만듭니다. 맥박도 평소보다 10회 이상 떨어지게 되고 체온도 1도 정도 낮아지게 됩니다.

마치 컴퓨터가 절전 모드 상태에서 배터리를 충전하고 디스크 조각을 모으고 바이러스 백신을 가동하는 것과 같이 잠을 잘 때 우리 몸의 간에서는 화학공장을 힘차게 가동시키면서 면역 물질을 만들어 냅니다. 잠을 잘 때 인간은 회복되고 자라나고 새로워진다는 것입니다.

우리의 에고(Ego)는 내가 원하는 일들이 착착 진행되어 나가기를 바랍니다. 뜻대로 되지 않으면 스트레스를 받고 분노감에 빠지기도 합니다. 내가 원하는 대로 되어야 내 인생이 성공하는 것이라 믿습니다. 그러나 '잠'을 묵상해 보면 생명의 원리는 그렇지 않은 것입니다. 내가 원하는 대로 이루어지는 것이 아니라, 내가 원하건 원하지 않건 잠을 통해 축적된 생명의 충전으로 역사가 이뤄지는 것입니다.

내 인생이란 것이 내가 의도하고 내가 원한 방향으로 이루어진 것인가요? 앞으로의 내 삶은 내가 쏘아 올린 열정이 빚어낼 결과물일

잠은 에고(Ego)가 제로(Zero) 상태가 되는 연습입니다.

까요? 그렇지 않습니다. '잠'은 내 모든 의도와 열정을 제로(Zero)의 상태로 만들어 버립니다. '잠'은 내가 생각해 내는 모든 의식을 무기력하게 만들어 버립니다. 내 의식과 내 의도와 나의 원함이 완전히 내려놓아진 제로(Zero)의 '잠' 상태에서 우리는 하나님과 연합하는 것입니다.

나는 제로가 되었는데, 하나님이 내 모든 것이 되셔서 하나님의 원하심과 섭리로 내 인생을 이끌어 갑니다. 내가 온전히 내려 놓아졌을 때, 나의 그 잠듦 속에서 하나님은 전력질주 합니다. 나의 에고(Ego)가 제로(Zero)인 '잠' 이 될 때, 하나님이 하시고자 하는 일들을 다 이룰 만한 하나님 마음에 합한 자의 사람이 되는 것입니다.

나의 묵상 🌿

_____

_____

_____

_____

_____

잠은 하나님의 열심을 알리는 메시지

03일 _ 잠은 하나님의 열심을 알리는 메시지

"공중의 새를 보라 심지도 않고 거두지도 않고 창고에 모아 들이
지 않아도 너희 하늘 아버지께서 기르시나니
너희는 이것들보다 귀하지 아니하냐"(마6:26)

살아 있는 모든 생명들은 '잠'이라는 특이한 현상을 보여 줍니다.
우리가 매일 경험하는 일이라 너무도 당연시하겠지만, 사실 '잠'이
라고 하는 현상! 조금만 생각해 보면 매우 기이하고 독특한 현상입
니다. 왜 모든 생명들은 '잠'이라고 하는 무기력해 보이는 상태 속에
매일 그것도 일평생 놓여지게 되는 것일까요?

의학적으로 잠을 정의한다면, 몸의 활동이 거의 정지된 것입니다.
의식과 반응, 감각이 죽은 듯이 정지 된 듯한 휴식의 상태입니다.
그러니까 우리의 몸은 하루 24시간 중에서 6시간에서 8시간 정도는
모든 생명 활동이 거의 정지 된 것 같은 '무방비 상태', '나의 의도된

행위가 멈춰버린 상태' 속에 놓여지게 된다는 이야기입니다.

이말은 하나님께서 모든 피조물들을 하루 일정하게 정해진 시간에 '아무 일, 아무 생각, 아무 의도된 행동'을 하지 못하도록 감옥 같이 보이는 '잠' 이라고 하는 상태 속에 구속해 두셨다는 뜻입니다.

놀랍지 않습니까? 자신의 의도와 목적을 이루기 위해 태양빛에 거슬리며 힘차게 뛰어 돌아다니던 '존재'가 '아무 것도 할 수 없는 Nothing!'의 상태 속에 놓여지게 된다는 것이 말입니다. 인간의 모든 노력과 수고가 멈춰 버립니다. '잠' 자는 순간 동안 인간은 아무 것도 아닌 무기력, 무방비, 비존재가 되는 것입니다.

그런데도 하늘에는 달이 뜨고 달이 집니다. 별이 뜨고 별이 집니다. 그렇게 새로운 해가 떠오르고 새 날이 밝아 옵니다. 인간은 아무 수고도 하지 않았는데, 자연이 살아 있고, 하늘과 땅은 여전히 움직입니다. 역사가 돌아갑니다. 인간은 아무 공로도 없습니다. 그 모든 것은 하나님의 열심과 노력으로 움직입니다.

안식일은 사람이 일하지 않는 날입니다. 인간의 의도와 수고가 정지하는 날인 동시에 하나님의 열심으로 완성된 날입니다. 인간은 저녁에 잠들고 아침에 눈을 떴더니 이루어지는 나라가 하나님의 나라입니다.

밤에 잠들지 않는 나라, 밤에 깨어 있는 문화는 가정을 파탄 시키는 문화이며 하나님 나라와 반대되는 문화입니다. '밤에 자지 않고 깨어 있는 만큼, 사람들은 일하고 욕망하며, 자신의 탐욕을 이뤄갑니다. 인간의 수고가 하나님의 수고를 앞서는 문화가 멸망하는 문화입니다. 밤에 자는 나라, 밤에 자는 사람, 밤에 자는 문화가 건전하고 가정적이며, 신앙적인 문화입니다. 하나님의 열심 앞에 순응하는 영적인 문화입니다.

나의 묵상 🌿

_____

_____

_____

_____

_____

_____

잠은 복음의 신호체계

04일 _ 잠은 복음의 신호체계

"만일 우리가 그의 죽으심과 같은 모양으로 연합한 자가
되었으면 또한 그의 부활과 같은 모양으로
연합한 자도 되리라"(롬6:5)

십자가와 부활의 복음의 진리를 가장 잘 보여주는 신호체계가 '잠'
입니다. '잠'은 '부활'의 아침을 준비하는 과정이라 할 수 있습니다.
가장 활발한 생명의 준비 과정이 일어나는 시간이 잠 자는 시간입
니다. 잠을 자는 동안 우리 몸에서 일어나는 대표적인 활동을 보면,

첫째, 우리의 내부 장기들은 잠을 통해 휴식을 얻게 됩니다.
심장이나 폐, 간, 신장, 비장, 혈관들은 여전히 움직이고 있지만,
잠을 통해서 평온하고 안정된 상태에 놓여지게 됩니다. 위장이나
담, 대장 등은 거의 움직이지 않아도 되는 휴식시간을 잠을 통해서
맞이합니다. 낮 동안에 발산 했던 에너지들을 재충전하고, 여분의

힘을 비축하게 되는 것입니다.

둘째, 잠을 통해 뇌는 휴식을 얻게 됩니다.
우리의 뇌는 굉장히 많은 에너지를 사용합니다. 뇌는 쉬지 않으면
신호체계에 혼란이 옵니다. 뇌 가운데에는 뇌하수체가 있어서 생명
활동에 필요한 호르몬을 분비하는데, 밤에 잠을 잘 때 분비 활동이
순조롭게 됩니다.
잠을 잘 때 우리의 뇌는 충격적 기억들을 완화시켜 줍니다. 동시
에 기억해야 할 좋은 기억들을 저장하고 재구성하게 됩니다. 또한
뇌에 쌓인 피로와 노폐물들이 깨끗이 청소 됩니다.

셋째, 잠은 생명 활동에 필요한 호르몬들이 분비되게 해 줍니다.
호르몬 분비들을 통해서 우리의 몸이 치유되고 온전하게 됩니다.
어린이의 경우 성장 호르몬을 분비하여 성장을 촉진시켜 내는 일이
일어나게 됩니다.

넷째, 수명을 다한 세포들이 제거되고, 새로운 세포들이 그 자리
와 역할을 대신 하는 시간도 가장 깊은 수면에 단계에서 일어나게
됩니다.

다섯째, 잠은 몸의 원기를 회복시켜 주는 시간입니다. 하루 동안
긴장되어 있던 근육을 이완시키고, 피로를 풀리게 합니다.

결론적으로 잠은 전날의 모든 피로와 스트레스를 풀어 내어 다음 날 맞이할 모든 생명력을 회복시키고 창조해 내는 가장 귀한 시간입니다.

'잠'을 제대로 자지 아니하고선 새 날을 맞이할 수 없습니다. 온전하게 잠 들어야 온전하게 깨어 있을 수 있습니다. 마치 그리스도와 함께 죽어야 그리스도와 함께 살 수 있는 것처럼, 우리는 잠을 통해 우리의 옛 자아의 죽음이 새로운 자아의 부활이라는 진리를 연습하고 있는 것입니다.

나의 묵상 🌿

'나'는 기적 중에 기적이다.

05일 _ '나'는 기적 중에 기적이다.

"내가 주께 감사하옴은 나를 지으심이 심히 기묘하심이라 주께서
하시는 일이 기이함을 내 영혼이 잘 아나이다. 내가 은밀한 데서
지음을 받고 땅의 깊은 곳에서 기이하게 지음을 받은 때에
나의 형체가 주의 앞에 숨겨지지 못하였나이다."(시139:14~16)

성인 남성이 일생 동안 만들어 내는 정자의 수는 2조개에 달하게
됩니다. 그 2조개의 정자 중에서 1개의 정자가 되는 기적이 있어야
'나' 라고 하는 생명의 잉태가 이뤄지게 됩니다.

우리의 생명 잉태와 출생의 과정을 보게 되면 하나님의 창조와 섭
리의 역사를 부정할 수 없습니다. 잉태의 첫 순간인 수정란의 무게
는 0.5mg 에 지나지 않습니다. 그런 배아가 10개월 만에 3kg 이 됩
니다. 6백만 배 이상의 성장이 이뤄진 셈입니다.

어떻게 단 10개월 만에 보이지도 않던 세포 하나가 팔과 다리를

가지게 되며, 생각하고 느끼고 표현할 수 있는 인간 유기체로 발전
할 수 있을까요? 이 어마어마한 과정을 진화라고 말할 수 있을까
요? 만일 진화라고 한다면 그 어떤 생명이 그 놀라운 진화를 그토록
빠른 시간 안에 이뤄낼 수 있을까요?

이 모든 것은 오직 하나님 말고는 설명할 길이 없습니다. 창조주
하나님의 놀라운 능력과 섭리가 이루어낸 사랑의 창조가 바로 우리
의 생명인 것입니다.

1987년 제가 군의관으로 군복무 하던 시절에 있었던 일입니다. 진
통을 느낀 산모가 병원을 찾아왔을 때, 당시 경험이 부족한 저는 당
혹스러웠습니다. 그 때 제 옆에 있던 경험 많은 간호사가 하는 말
이, "걱정 마세요. 잘 낳으실 거에요" 하는 것이었습니다. 그 말이
산모에게는 위로가 되었을지 모르지만 긴장하던 제게는 별로 힘이
되지 못했습니다.

그런데 놀랍게도 제가 그 아기를 받았습니다. 제가 한 일 이라고
는 그저 아기를 받아낸 것일 뿐, 그 성스런 출산의 과정은 오직 하
나님의 창조와 섭리의 은총이었습니다.

벌써 30년 전 일인데 가끔 그 때의 일을 떠올려 보곤 합니다. 생명
을 향한 가장 거룩하고 숭고한 노력의 몫은 의사가 아니고, 아기도

산모도 아닌 하나님의 은혜라는 것을 말입니다.

  우리 모두는 하나님의 기이하시고 신묘 막측하신 은혜로 이 땅에 태어난 하나님의 자녀들입니다. 바로 이 '나'가 우주보다 더 크신 하나님의 작품이며 기적인 것입니다.

나의 묵상 🌿

_____

_____

_____

_____

_____

교회는 생명을 떠받치는 세계의 골반이다.

06일 _ 교회는 생명을 떠받치는 세계의 골반이다.

"또 만물을 그의 발 아래에 복종하게 하시고 그를 만물 위에
교회의 머리로 삼으셨느니라 교회는 그의 몸이니 만물 안에서
만물을 충만하게 하시는 이의 충만함이니라"(엡1:22~23)

사도 바울은 교회를 만물 안에서 만물을 충만하게 하시는 이의 충만함이라고 증거합니다. 교회가 온 우주 만물의 생명의 근본 바탕이라는 뜻입니다.

우리의 몸에는 허리 바로 밑에 골반이란 구조물이 있습니다. 골반이란 단어는 뼈와 밑 받침대 라는 뜻입니다. 말 그대로 뼈를 받치는 받침대라는 뜻이 됩니다. 그래서 영어로는 Pelvic라는 단어를 쓰는데 '물 그릇'이란 뜻입니다. 고대 헬라 인들은 골반을 물을 담는 넓고 깊은 물통으로 이해를 합니다. 이처럼 우리 몸의 골반이란 생명을 담아내는 그릇과 관련이 있습니다.

깔때기 모양의 구조를 가진 우리 몸의 골반은 방광과 자궁, 결장과 직장을 담고 있으면서 생식과 생명의 잉태와 출산을 담당하고 있습니다. 골반은 우리를 출산해 내 어머니이자, 생명의 근원이라 할 수 있는 것입니다.

골반이 생명을 잉태하듯이 개신교회는 세계 역사의 수 많은 가치들을 역사 속에 잉태 시켰습니다. 종교개혁을 통한 프로테스탄트 교회의 탄생이 그것 입니다. 교회의 탄생으로 인해 약육 강식의 논리를 뛰어 넘어 약한 자를 돌보고, 소외된 자를 끌어안는 '인권'의 개념을 이 역사에 주입되었습니다. 또한 봉건주의를 뛰어 넘어 '자유'와 '민주주의'를 탄생 하였고 자유시장 경제체제의 눈부신 발전의 역사의 모태가 되었습니다.

일제에 정복당한 조선의 정신을 일깨운 것도 개신교회의 신앙이었습니다. 1919년 3.1운동을 비롯하여 1948년 8월 15일 대한민국 건국을 잉태하는 역사의 순간에도 개신교의 신앙이 깊게 흐르고 있었습니다. 6.25 전쟁으로 인해 전세계에서 가장 가난하던 나라를 30년 만에 세계 정상으로 올려 놓은 산업 발전의 기적 속에도 개신교의 신앙 전통은 살아 역사하고 있었습니다.

오늘날 우리는 개신교의 가치를 자각해야 합니다. 교회가 무너지면 '인권'의 본질은 사라지고 정치적인 인권 개념만 난무하는 시대가 되어 '자유'와 '민주주의'라고 하는 체제가 흔들릴 것입니다. 교회가 무너지면 '개인'의 가치를 소중히 여기는 성숙한 시민 사회가 무너지고, '집단'만 강조되는 전체주의 사회가 도래할 것입니다.

골반 없는 신체가 아무것도 생산할 수 없듯이 교회가 없는 사회는 자유와 생명과 인권을 창조해 낼 수 없습니다. 남편이 출산을 앞둔 산모를 소중히 여기듯이, 세상의 골반인 교회를 사랑하고 더욱 소중히 여겨야 합니다.

나의 묵상 🌿

_____

_____

_____

_____

_____

_____

07일 _ 생명 출산은 하나님의 역사입니다.

"여호와께서 이르시되 내가 아이를 갖도록 하였은즉 해산하게
하지 아니하겠느냐 네 하나님이 이르시되 나는 해산하게 하는
이인즉 어찌 태를 닫겠느냐 하시니라"(사66:9)

골반 기능의 최고 압권은 생명 출산입니다. 생명이 잉태된 시점에
서 아기를 출산하기 까지 모든 과정을 보면 여성의 골반이 가지고
있는 경이로움을 볼 수 있습니다.

임신을 하게 되면 여성은 자궁에서 아기를 보호 보존합니다. 골반
안 자궁 에는 양수라고 하는 물이 차올라 아기를 보호하고 아기는
열 달 동안 물구나무 서기를 한 상태로 태반을 통해 영양을 공급 받
게 됩니다.

임신한 여성의 몸은 면역 기능을 초긴장 상태로 몰고 갑니다. 면

역 기능을 초긴장 상태로 극대화시켜서 다른 그 어떤 것들이 들어오지 못하도록 예민해 집니다. 난소에서는 한 달에 한 번 하던 생리를 멈추게 되고, 자궁 끝에 경부는 아기가 자라는데 방해되지 않도록 새로운 정자가 들어오지 못하도록 합니다.

아기를 임신하면 첫 두 달 동안의 아기를 '배아'라고 합니다. 그 두 달을 지나 '태아'가 되어야 웬만한 사람의 모습을 가지게 됩니다. 이 첫 세달 배아가 태아가 될 때까지 여성의 몸에는 엄청난 변화가 일어납니다.

우리 몸에 이물질이 들어왔을 때 이를 내쫓으려 하는 것이 면역 기능 입니다. 사실 아기는 여성의 몸에 일종의 이물질 인데, 신비로운 것은 여성의 몸은 자신의 몸에 생긴 새로운 생명을 면역 반응으로 죽이려 하지 않고 오히려 고통스럽게 받아들이게 됩니다. 그 고통스러운 과정이 바로 입덧입니다.

아기가 위험하지 않도록 엄마는 입덧을 하며 일체의 불순물이 들어오지 못하는 생체 반응을 나타냅니다. 아기와 하나로 공존하는 최적화된 생태 조건을 만들어내기 위해서 첫 삼 개월간 엄마는 그 어떤 약도 먹지를 않습니다. 약을 잘 못 써서 아기와 산모에게 문제를 일으킨 사례들은 너무도 많습니다.

1950년대 독일의 경우 탈리도 마이드(Thalidomide)라고 하는 입덧방지 약을 만들었는데, 산모들이 입덧이 멈추고 무엇이든 맛있게 먹을 수 있었습니다. 그러나 출산을 해 보니 아기들이 하나 같이 팔다리가 없었습니다.

하나님께서는 아기가 태아가 되는 그 첫 삼 개월 동안 인간의 어떤 인위적인 노력이 들어가지 않도록 막으셨습니다. 세포 하나로부터 출발하여 인간의 형상이 만들어지는 그 놀라운 기적의 역사 속에 오직 하나님 아닌 인간의 업적을 제로로 만드신 것입니다.

우리가 이 땅에 태어났다는 것이 하나님의 은혜입니다. 우리가 생명을 잉태하고 해산하게 되는 체험 역시 하나님의 은혜입니다.

나의 묵상 🌿

_____

_____

_____

_____

_____

고통이 축복인 이유

08일 _ 고통이 축복인 이유

"또 여자에게 이르시되 내가 네게 임신하는 고통을 크게
더하리니 네가 수고하고 자식을 낳을 것이며"(창3:16)

생명 잉태의 놀라운 신비는 출산의 과정에서 나타납니다. 3kg 정
도 되는 아기가 엄마의 작은 골반을 통과해서 나오는 그 과정이 신
비 중에 신비입니다. 아기의 머리는 성인 남성 두 개의 주먹 만한
크기인데, 넓이가 2cm, 3cm 밖에 안 되는 좁은 질에서 어떻게 빠져
나올 수 있을까요?

이 일이 가능 하려면 아기 스스로 엄마의 자궁에서 빠져 나오려는
본능적인 지각이 일어나야 합니다. 그 자각은 아기의 폐가 성장함
으로써 이뤄집니다.
폐의 기능이 커지면서 아기는 스스로 독립할 때가 되었음을 알게

됩니다. 아기는 조금씩 나올 준비를 하게 됩니다. 그렇게 되면 엄마의 배가 조금씩 아파지고 배가 수축을 하기 시작합니다. 처음에는 고통이 부정기적이지만 점 더 정기적이 되고 자궁 입구는 얇아지면서 벌어질 준비를 합니다. 2~3cm 밖에 안되던 자궁의 경부가 10cm 이상 커지게 됩니다.

이제 아기는 엄마의 배속 뒤쪽의 오른편을 향해서 나갈 준비를 합니다. 이 때 엄마의 자궁 벽은 안으로 오므라집니다. 그 오므려진 자궁 벽의 도움을 받아 아기의 굽었던 척추 뼈가 펴지게 됩니다. 그렇게 허리가 펴지면서 구부렸던 아기의 머리가 뒤로 재껴지게 되고, 아기는 조금씩 머리부터 내밀게 되는 것입니다. 아기가 엄마의 배속에서 열 달 동안 물구나무 서기를 하고 있어야 하는 이치가 다 이유가 있는 하나님의 섭리인 것입니다.

자궁이 수축되면 아기는 머리를 뒤로 재끼면서 산도로 내려오게 됩니다. 이 때까지 아직 아기의 머리뼈는 합쳐지지 않았습니다. 아기는 머리로 볼록 볼록 숨을 쉴 수 있는 상태입니다. 그래서 머리가 먼저 나오게 되는 것입니다. 그 다음에 한쪽 어깨가 나옵니다. 그리고는 반대 어깨가 나오고 배가 나오고 마침내 다리가 나오게 되는 것입니다.

아기의 머리가 먼저 나오는 것이야 말로 신비 중에 신비입니다.

세상 밖으로 나오려고 하는 아기의 가슴 속에는 물이 가득 차 있습니다. 그래서 폐로 숨을 쉬려고 해도 숨을 쉴 수 없는 상태입니다. 그런데 출산의 과정에서 아기가 좁은 엄마의 산도를 빠져 나오는 동안 가슴이 압박을 당합니다. 그럼 아기의 폐에 있던 물이 다 빠져 나오게 됩니다. 의사가 아기의 등을 쳐서 어루만지면 물이 다 빠진 아기는 울기 시작을 합니다. 그 울음이 바로 이 세상에서의 시작인 첫 호흡인 것입니다.

하나님께서는 사람에게 출산하는 고통을 주셨습니다. 예수 그리스도의 십자가의 고통을 통해서 우리가 출산하게 되었듯이, 예수님의 그 출산의 고통을 통해서 우리에게 영생이 흘러 들어오게 하셨듯이, 우리가 이 세상에서 당하는 아픔이란 우리의 영혼과 인격을 생명으로 출산하게 만드는 거룩한 고통인 것입니다.

나의 묵상 🌿

_____

_____

_____

_____

_____

_____

야곱을 출산하지 말고, 이스라엘을 출산하라.

09일 _ 야곱을 출산하지 말고, 이스라엘을 출산하라.

> "야곱은 홀로 남았더니 어떤 사람이 날이 새도록 야곱과 씨름하다가 자기가 야곱을 이기지 못함을 보고 그가 야곱의 허벅지 관절을 치매 야곱의 허벅지 관절이 그 사람과 씨름할 때에 어긋났더라"(창32:24~25)

환도 뼈란 의학 용어로는 대퇴골입니다. 흔히들 말하는 넓적다리 뼈, 정확히 말하자면 골반과 장골이 연결되는 부위, 골반에서 다리가 뻗어나가는 지점의 뼈입니다. 환도 뼈 역시 골반이라고 할 수 있습니다. 하나님께서 야곱의 환도 뼈를 치셨다는 말은 야곱의 생식기를 치셨다는 뜻입니다. 왜 하나님은 야곱의 생식 능력을 치었을까요?

그 이유는 야곱에게서 나올 이스라엘은 야곱의 생식 능력이 아니라 하나님에게서 나와야 할 생명이기 때문입니다. 하나님께서 예수님을 이 땅에 나오게 하실 때, 남자인 요셉의 생식 능력을 빌어서

오게 하신 것이 아니라, 마리아를 통해 동정녀에게서 나게 하신 것
과 같은 의미입니다.

하나님은 야곱의 생식 능력인 골반을 위골 되게 하고, 오히려 야
곱에게 '이스라엘'이라는 새 이름을 주셨습니다.

우리의 골반에 손을 대시는 하나님의 섭리를 헤아려 봅니다. 중력
이 작용하는 지구에서 나이를 먹어가며 네 발이 아닌 두 발로 살아
야 하는 인간의 골반은 아무리 노력해도 결국에는 야곱처럼 위골
될 수 밖에 없는 운명에 놓여져 있습니다.

하나님께서는 왜 우리의 골반에 손을 대실까요?
그것은 바로 우리 역시 야곱이기 때문입니다. 야곱으로 사는 한,
그 튼튼한 야곱의 골반은 야곱의 자식들인 이기적인 결과물들만 출
산할 뿐이기 때문 입니다. 하나님의 백성 이스라엘을 낳지 못하고,
인간의 욕심이 가득한 야곱을 낳는 것입니다. 야곱의 골반이 튼튼
할 수록 더 많은 야곱들만 남길 뿐인 것입니다. 그래서 하나님은 세
월을 통해, 그리고 이 무거운 중력으로 우리의 골반을 위골 되게 하
시는 것입니다.

"네가 출산하고 있는 것들은 무엇인가? 그것은 야곱인가? 이스라
엘인가? 너의 노력과 열심의 결과물인가? 하나님의 은혜와 사랑의

결실들인가?"

이 물음은 야곱을 향한 물음이자, 우리를 향한 하나님의 엄중한
질문입니다.

나의 묵상 🌿

_____

_____

_____

_____

_____

_____

10일 _ 구멍 난 항아리를 채우는 법

"이스라엘아 들으라 우리 하나님 여호와는 오직 유일한
여호와이시니 너는 마음을 다하고 뜻을 다하고 힘을 다하여
네 하나님 여호와를 사랑하라"(신6:4~5)

"행복한 삶을 위해서 당신은 얼마나 더 많은 돈이 필요 하다고 생각하십니까?" 라는 질문을 받자, 록 펠러를 비롯한 대다수의 미국인들은 이렇게 대답을 했습니다. "아주 조금만 더……"

아리스토텔레스는 그의 행복론에서 인간을 '구멍 난 항아리' 라고 정의합니다. 그러면서 "행복을 찾는 것이 불행의 원인이다" 라고 말을 했습니다. 행복을 찾을수록 불행해진다는 것입니다. 왜냐하면 구멍 난 항아리는 그 어떤 것을 채워도 빠져 나가기 때문입니다. 그렇다면 구멍 난 항아리인 인간은 어떻게 해야 행복을 채울 수 있을까요?

2017년 세계행복보고서에서 전세계 155개 국가들의 행복지수를 소개하였습니다. 그 중에서 노르웨이가 1위를 했고, 덴마크, 아이슬란드, 스위스, 핀란드, 네덜란드 순으로 순위가 매겨졌습니다. 이스라엘은 11위, 우리나라는 56위를 기록했습니다. 일본의 경우는 우리나라보다 높은 51위를 차지했고, 태국과 대만은 각각 32위와 33위를 차지했습니다.

'행복지수'란 실제 자신이 느끼고 있는 행복감을 측정하는 지수입니다. 국내총생산의 물질 가치뿐이 아니라, 만족도와 기대감, 자부심, 희망, 사랑과 같이 포괄적인 만족도가 이루어지는 상태의 수치를 행복지수라고 부릅니다.

그런 면에서 아이러니한 나라가 이스라엘입니다. 이스라엘의 행복지수는 2017년 11위를 차지했지만 이전에는 7위, 6위의 높은 행복감을 느끼는 나라로 나타나곤 했습니다.

이스라엘을 보자면 수 없는 테러와 전쟁의 위협 가운데 있는 나라입니다. 자원도 부족하고, 땅 덩어리도 강원도 만한 작은 나라, 그런 나라에 산다고 한다면 뭐가 그리 행복할 수 있을까요? 그런데 이스라엘 사람들은 행복해 합니다.

저는 그 이유가 신명기 6장의 말씀 속에 있다고 생각합니다. 마음과 뜻과 힘을 다하여 하나님을 사랑하는 신앙의 힘이 이스라엘 사람들의 마음 속에 그리고 그들의 역사 속에 살아 숨쉬고 있었기 때문입니다.

어떻게 해야 구멍 난 항아리에 물을 채울 수 있을까요?

우리의 마음과 뜻과 힘이 하나님의 사랑 속에 완전히 잠겨 버리는 상태! 바로 이 상태가 행복인 것입니다. 구멍 난 항아리가 물속에 온전히 잠겨 있어야 물을 채울 수 있듯이, 사람의 지정의(知情意)가 하나님 안에 잠겨 있는 상태에서 인간은 행복할 수 있는 것입니다.

나의 묵상 🌿

_____

_____

_____

_____

_____

_____

행복은 밸런스이다.

11일 _ 행복은 밸런스이다.

> "사랑하는 자여 네 영혼이 잘 됨 같이 네가 범사에 잘되고
> 강건하기를 내가 간구하노라"(요한3서 2)

사람들은 '중간'이란 말을 좋게 사용합니다. 중간만 가라, 군대에 가면 너무 앞에도 나서지 말고, 너무 뒤에도 있지 마라. 튀지 말고 중간만 가라고 합니다.

그런데 또 나쁜 의미로 중간이란 말을 쓰기도 합니다. 박쥐 같은 사람, 회색 분자같이 이것도 저것도 아닌 사람, 여기 붙었다 저기 붙었다 눈치만 보는 사람을 말할 때도 중간이라고 합니다.

중간이란 말과 이미지는 비슷한데, 전혀 다른 의미를 가진 말이 있습니다. 그것은 '밸런스'라는 말입니다. 밸런스를 우리 말로는 균

형이나, 평균, 평형, 조화라는 말로 씁니다. 얼핏 보기에는 중간이라는 말로 들릴 수 있을지 모르지만, 밸런스라는 말은 우리가 말하는 중간의 상태를 의미하지 않습니다.

밸런스란 이 쪽과 저 쪽을 모두 가지고 자기 안에서 통제할 수 있는 상태를 말합니다. 이 쪽이면서 동시에 저 쪽이기도 한 상태, 그래서 이 쪽과 저 쪽이 한 쪽으로 기울어지지 않고, 양쪽 모두를 만족시켜 줄 수 있는 상태를 밸런스, 우리 식으로 말하자면 균형이라고 합니다.

이 밸런스의 상태, 즉 생명체의 균형과 조화의 상태를 의학적인 용어로는 '호메오스타시스'의 원리라고 합니다. 희랍어의 호메오(동일한 Homeo)와 스타시스(상태 Stasis)라는 말의 합성어로 우리 말로 번역을 한다면 '항상성'이라는 뜻입니다.

하나님께서는 우리가 사는 이 우주를 항상성의 원리로 만들어 주셨습니다. 수를 헤아릴 수 없는 별들로 가득 찬 엄청난 우주를 만드신 하나님께서는 우주가 서로 충돌해서 소멸되지 않도록 궤도를 만드셨습니다. 우리가 사는 이 지구 또한 만유인력과 원심력을 통해서 밸런스를 유지하고 있습니다. 이 밸런스가 깨진다면 지구가 태양으로 끌려가 타버릴 것입니다. 반대로 조금만 멀어지면 지구는 얼어 버릴 것입니다.

우리가 꿈꾸는 행복의 원리도 그렇습니다. 육체와 마음과 영혼이 밸런스를 유지하는 것이 행복입니다. 1998년 세계 보건기구는 건강에 대해 심도 깊은 정의를 내리고 있습니다. "건강이란 질병이 없거나 허약하지 않을 뿐 아니라 육체적, 정신적, 사회적 및 영적 안녕이 역동적이며 완전한 상태를 말한다"

하나님은 우리들에게 영원을 사모하는 마음을 주셨기 때문에 의식주와 희망, 그리고 사람을 사랑하는 것만으로는 행복할 수 없게 하셨습니다. 인간은 불멸을 추구하는 영적인 존재이며, 그 불멸의 주체는 우리의 창조주 하나님 이십니다. 우리를 만드신 하나님의 사랑이 우리 안에 가득 찰 때, 인간은 비로소 행복해 지는 존재인 것입니다.

나의 묵상

호메오스타시스(항상성)는 하나님의 사랑

12일 _ 호메오스타시스(항상성)는 하나님의 사랑

"이같이 한즉 하늘에 계신 너희 아버지의 아들이 되리니 이는 하나님이 그 해를 악인과 선인에게 비추시며 비를 의로운 자와 불의한 자에게 내려 주심이라" (마5:25)

동양철학의 개념 중에 '천지 불인'이라는 말이 있습니다. 하늘과 땅은 인자하지 않다. 선과 악을 가리지 않는다는 뜻입니다.

하나님께서는 선인이나 악인에게 동일하게 해를 비춰 주시고, 비를 주십니다. 이 세상 사는 동안에는 예수 믿는 사람도 벼락을 맞고 예수 안 믿는 사람도 잘 살아갈 수 있습니다.

불벼락을 맞든, 돈벼락을 맞든 이 세상의 본질은 '광야'입니다. 그런데 이 광야 같은 인생에서 인간이 알아야 할 하나의 가치가 있는데 그것은 '수용하는 것'입니다. 우리의 생명을 받아들이듯이 죽음을 받아들이고 이 광야 같은 세상 너머에 있는 하나님을 바라보는 것입니다. 이 세상이 광야임을 깨 달으라고 하나님께서는 우리에게 인생의 고난을 주십니다.

인간에게 닥친 자연재해, 쓰나미나 폭우 같은 현상이 인간에게는 피해를 주는 일이지만, 사실 그런 자연 현상으로 천지는 새로워지고 청소가 되고 본래성을 회복하게 됩니다.

2004년도에 인도네시아에 쓰나미가 발생해서 몇 십만 명이 세상을 떠난 일이 있었습니다. 그 때 저는 병원직원들과 인도네시아 '반다아체'라는 지역에 의료 선교를 간 일이 있었습니다.

우리가 가서 본 그곳의 참상은 말로 설명할 수 없을 만큼 참혹하기 그지 없었습니다. 이 사람 저 사람 아픈 환자들이 찾아오는데, 한결같이 가슴을 움켜쥐고 있었습니다. 저는 처음에 이해하지 못했습니다. '왜 다 가슴을 움켜쥐고 있지? 물을 잘 못 먹어서 감염되었나?' 생각했었는데 알고 보니 전혀 다른 이유였습니다. 사랑하는 식구들이 하루 아침에 사라져 버린 슬픔 때문이었습니다.

저는 그 때 의문이 들었습니다. 왜 하나님께서는 이토록 불쌍한 사람들에게 고통을 주셨단 말인가? 이런 비통하고 참혹한 상황을 허락하신 하나님을 사랑이라고 말할 수 있을까? 그래도 저는 인정할 수 밖에 없었습니다. 고통이란 모든 인생들이 겪을 수 밖에 없게

정하신 운명이라는 것을 말입니다.

인도네시아에 쓰나 미가 일어나고, 대한민국, 미국 같은 나라에 쓰나미가 안 일어났다고 해서, 그들은 고통이라고 하는 운명을 벗어난 것인가요? 그렇지 않습니다. 그들에게는 태풍과 허리케인이 일어나고, 테러와 교통사고가 일어납니다. 우리가 헤아리지 못할 수 없는 고통들이 모든 인류를 덮치고 있다는 사실은 변하지 않는 진리 입니다.

그러나 고통이 모든 사람의 운명이라면, 그 고통 가운데 있는 모든 인생들을 하나님께서 사랑하시고 있다는 사실은 더 큰 운명인 것입니다.

나의 묵상 🌿

'돌아오는 것'이 '사는 길'이다.

13일 _ '돌아오는 것'이 '사는 길'이다.

"오라 우리가 여호와께로 돌아가자 여호와께서 우리를
찢으셨으나 도로 낫게 하실 것이요 우리를 치셨으나
싸매어 주실 것임이라"(호6:1)

항상성의 원리라고 하는 '호메오스타시스'는 우리의 생명 안에 작
동하고 있습니다. 우리의 몸은 본래의 밸런스 상태를 유지하기 위
해 항상 돌아오려고 합니다.

몸은 36.5도라고 하는 일정의 체온으로 돌아오려 합니다. 외부가
추워지면 혈관이 수축되고 피부가 떨리면서 온도를 올립니다. 반대
로 외부가 더워져서 몸의 온도가 올라가면 몸은 땀을 내서 열기를
식힙니다. 그래서 36.5도로 돌아오려 합니다.

우리의 호흡도 돌아오려 합니다. 호흡은 빨라지기도 하고, 느려지

기도 합니다. 뛰면 호흡이 빨라지고, 쉬면 호흡이 느려집니다. 빨라졌다 느려졌다를 하면서 호흡은 본래의 리듬으로 돌아오려 합니다.

심장의 박동이나, 혈압도 돌아오려고 합니다. 혈압이 올라가는 이유는 피 안에 소금이 많아 졌다는 뜻입니다. 그렇게 되면 삼투압 현상으로 인해 더 많은 수분을 빨아 들이려고 합니다. 그래서 피 속에 소금기를 줄여서 본래의 정상 상태로 돌아오기 위해 혈압이 올라가는 것입니다.

심장 박동이 항상성을 이탈하여 높이 뛰기만 한다면 죽습니다. 거칠어진 호흡이 항상성으로 돌아오지 못하고 계속 높아진다면 그 또한 살 수가 없습니다. 뜨거워진 체온이 36.5도로 돌아오지 않는다 해도 죽음일 수 밖에 없습니다.

'호메오스타시스' 이 항상성의 원리는 복음에도 흐르고 있습니다.
구약의 예언자들은 타락한 이스라엘을 향해 끊임없이 하나님께 '돌아오라'고 외칩니다. 돌아오지 않으면 죽는다고 합니다. 예수님 역시 유대인들을 향해 끊임없이 호메오스타시스를 외치셨습니다.

"회개하고 복음을 믿으라!" 메타노에이오! 회개하라는 말이 곧 돌아오라는 말입니다.

항상성을 이탈한 것이 질병이듯이, 인간이 하나님의 항상성 안에서 이탈하여 돌아오지 않는 것이 타락이고 죽음입니다. 우리는 죽은 사람을 '돌아가셨다'고 합니다. 모든 존재는 죽음을 통해 하나님의 울타리 안으로 결국에는 돌아오게 됩니다.

현대인들은 '항상성'이라고 하는 '돌아옴' '생명의 본래성'을 망각하고 살아가고 있습니다. 성공을 향한 끝없는 전진을 부르짖으며 살다가 본래의 성품을 잃어 버립니다. 순수, 가족, 자기자신을 잃어 버립니다. 우리는 끝없이 전진하되 끝없이 돌아와야 합니다. 인간은 하나님 주신 형상 안으로, 하나님의 말씀 안으로 돌아와야 하는 존재입니다.

나의 묵상 🌿

_____

_____

_____

_____

_____

십자가를 세우는 것이 밸런스이다.

14일 _ 십자가를 세우는 것이 밸런스이다.

"또 다른 두 행악자도 사형을 받게 되어 예수와 함께 끌려 가니라 해골이라 하는 곳에 이르러 거기서 예수를 십자가에 못 박고 두 행악자도 하나는 우편에 하나는 좌편에 있더라"(눅23:32~33)

우리의 신체를 보면 좌우와 위 아래가 대칭입니다. 코를 사이에 두고 두 눈과 두 귀가 있고, 몸통을 사이에 두고 팔이 두 개, 다리가 두 개가 있습니다. 얼굴의 아름다움은 밸런스가 결정합니다. 신체도 밸런스가 중요합니다.

세포도 밸런스가 핵심입니다. 세포는 바이러스나 병원균이 침입해 들어왔을 때, 백혈구와 임파구 같은 면역체계를 동원시켜서 밸런스를 맞추려고 합니다. 맹장이 붓고 아프다던지, 갑상선이 아파서 열이 난다던지, 하는 현상들 역시 세포가 자신의 밸런스를 유지하기 위한 작용입니다.

면역 체계도 밸런스가 핵심입니다. 면역력이란 우리 몸에 침투한 세균이나 바이러스를 물리치는 군대체계라고 할 수 있습니다. 수많은 병원균이 여러 경로를 통해 우리 몸에 침투 했을 때, 군인 수가 적거나 약하다면 패하여 질병에 걸리게 됩니다. 반대로 너무 과도한 군대체계를 가지고 있어도 문제가 됩니다. 국방비를 너무 과도하게 지출한다면 교육부나 경제부, 문화부가 예산을 많이 쓰지 못하는 것과 같이 과도한 면역력은 오히려 다른 부위들을 약화시키는 결과를 초래하게 됩니다.

우리는 살아가면서 밸런스를 쉽게 잃어버리게 됩니다. 마치 자동차의 휠 밸런스가 깨어지면 자동차의 방향이 한 쪽으로 쏠리는 것처럼, 우리의 인생도 이데올로기나 잘못된 개념, 유행을 따라 한 쪽으로 쏠리게 되어 밸런스를 잃어 버리게 되는 것입니다.

그럼 어떻게 해야 밸런스를 잃지 않고 유지할 수 있을까요? 그 해답이 바로 '호메오스타시스'입니다. Homeo+Stasis의 단어의 원형은 HomoStauros 바로 '십자가'입니다. 예수님께서 짊어지신 십자가에서 '호메오스타시스'라는 말이' 만들어 졌습니다. 밸런스를 이루는 인생은 예수님과 함께 십자가를 지는 것입니다.

예수님의 십자가 좌우에는 두 명의 강도들이 서 있었습니다. 한 강도는 예수님 옆에 서 있었으나, 예수님과 동일하게 서 있지 않았습니다. 또 다른 강도 한 명만 예수님과 똑같이 서 있었습니다. 예수님의 의로운 십자가 안에 자기의 죽음을 함께 매달고 그리스도와 함께 십자가에 서 있었던 것입니다.

예수님의 십자가가 하나님과 화목을 이루는 밸런스이며, 나와 이웃이 화목하게 되는 밸런스입니다. 십자가는 위에 계신 분과 아래에 있는 우리를 이어주는 밸런스입니다. 십자가는 이쪽에 있는 원수와 저쪽에 있는 원수를 이어주는 밸런스입니다. 예수님처럼 나도 나의 십자가를 동일하게 세우는 자가 될 때, 우리의 삶과 영혼이 밸런스를 가지게 되는 것입니다.

나의 묵상

15일 _ 밸런스의 원리로 살아가는 길

"항상 기뻐하라 쉬지 말고 기도하라 범사에 감사하라
이것이 그리스도 예수 안에서 너희를 향하신
하나님의 뜻이니라"(살전 5:16~18)

밸런스란 자연의 원리이자, 우리의 몸과 마음, 전인적인 삶의 기준이라 할 수 있습니다. 밸런스를 갖추기 위한 삶의 원리란 첫째가 '겸손과 존중'입니다.

세포의 성장 과정을 보면 정상세포와 암세포에는 근본적인 차이가 있습니다. 암세포를 보면 예의도 없고, 균형도 없습니다. 다른 세포에 대한 배려심이 손톱만큼도 없습니다. 무한 증식입니다. 죽으려고 하지 않습니다.

그런데 정상세포는 균형과 예의를 갖춥니다. 다른 세포들과 의사소통을 하고 배려를 해 줍니다. 그렇게 상호 소통하면서 자라고 결국에는 죽습니다.

놀랍지 않습니까? 우리 몸의 세포 자체가 겸손과 상호 존중이라고 하는 생명 사랑의 원리를 이미 체화하고 있다는 것 말입니다.

우리의 인격과 삶도 마찬가지입니다. 암세포의 인격을 따르는 사람은 그 세포와 신체마저 균형을 잃어 버립니다. 우리 몸 안에 작동하고 있는 생명 사랑의 원리를 자신의 인격으로 삼고 사는 사람은 그 삶 자체가 밸런스를 가진 삶이 됩니다.

밸런스의 원리를 갖추기 위한 삶의 또 하나의 원리는 '기쁨과 감사' 입니다. 상호 소통하고 배려하는 생명의 원리는 항상 기뻐하고 감사하는 삶입니다. 우리 몸의 밸런스는 부정적이거나, 소극적이지 않습니다. 능동적이고 밝은 긍정적인 에너지입니다.

사람이 음식을 섭취하면, 사람의 몸 안에서 일어나는 일차적인 항체는 침에서 만들어집니다. 소위 말하는 '군침' 이라고 하는 것이 음식 안에 들어 있는 세균을 멸균시키는 작동을 합니다 이렇게 대단한 역할을 하는 군침은 세 가지 경우에서 만들어집니다. 그것은 배고플 때, 기쁠 때, 그리고 사랑할 때 입니다.

그런데 현대인들은 배고픔을 느낄 새도 없이 밥을 먹습니다. 기쁨과 감사, 사랑 같은 좋은 에너지를 잃어 버린 채로 허겁지겁 밥을 먹어 치워 버립니다. 또 화가 나거나 분한 마음이 들면, 거친 숨을 몰아 쉬면서 독침을 뿜어대듯이 침을 뱉어 버립니다. 독기를 뿜어 댑니다.

우리가 느끼는 감정의 변화가 고스란히 우리 몸 안으로 들어오는 약이 되기도 하고 독이 되기도 하는 것입니다.

성경은 우리에게 항상 기뻐하라고 합니다. 범사에 감사하라고 합니다. 서로 사랑하라고 합니다. 바로 그 원리가 밸런스의 원리입니다.

나의 묵상 🌿

_____

_____

_____

_____

_____

_____

내 안에 있는 무한한 가능성 예수 그리스도!

16일 _ 내 안에 있는 무한한 가능성
예수 그리스도!

"자녀들아 너희는 하나님께 속하였고 또 그들을 이기었나니 이는
너희 안에 계신 이가 세상에 있는 자보다 크심이라"(요일4:4)

몇 년 전에 TV에서 신기한 장면을 보았던 것을 잊지 못합니다. 충
청도에서 추진한 농협 엑스포를 보여주는 프로그램 이었습니다. 어
떤 과학자가 화분에 있는 고추 세 그루를 보여주면서 하는 말이
"여러분 고추 심으면 한 그루에 몇 개나 열리는 줄 알아요? 200개
에서 300개가 열립니다. 그런데 이 고추에서는 1680개가 열렸습니
다."

그리고 일본 과학자가 만든 토마토를 보여 주었습니다. 보통 토마
토 나무는 20개에서 30개 정도의 열매가 맺히는데 일본 과학자가
보여준 토마토 나무에는 1260개에 열매가 맺혀 있었습니다.

비결이 무엇인지 묻자 양국에 과학자들이 똑같은 대답을 내어 놓았습니다.

"이 나무가 가지고 있는 잠재된 가능성을 최대한 발휘 할 수 있게 해줬을 뿐 입니다."

'리더십@매니지먼트' 라는 책에서 '마커스 버밍엄'은 개인의 가능성을 일깨우는 말을 합니다.

"당신이 열심히 노력한다면 당신은 원하는 무엇이든지 할 수 있다. 당신이 일상에서 느끼는 자신은 실제 당신이 아니다. 그렇다. 실제 당신은 공포와 낙담에 의해 감춰져 있는 깊은 내면에 있다. 만약 그러한 공포에서 해방되고 당신 자신을 믿게 된다면 진정한 당신이 살아날 것이다. 당신의 잠재력은 폭발할 것이다. 거인이 깨어나는 것이다."

'갈매기의 꿈' 의 저자인 '리차드 바크'는 이런 말을 합니다.

"인간은 태어날 때 대리석과 그것을 연마하는데 필요한 도구들을 가지고 태어난다. 일생 동안 그것을 다듬지 않고, 끌고 다닐 수도 있고, 자갈로 만들 수도 있고, 혹 어떤 사람은 하나의 멋진 조각으로 만들 수가 있다."

만일 통장 안에 천억이 넘는 돈이 들어있는데, 그 사실을 모르고 있다고 상상해 본다면 얼마나 어리석은 인생이 되고 말까요? 집 한 칸 장만하지 못하고, 자식을 낳고 가정을 꾸려가야 하는데 한 푼도 통장에서 돈을 인출하지 못해 전전긍긍하는 인생이라면 얼마나 한심한 인생일까요?

통장에 천억이라는 돈이 들어와 있는 것이 사실이라고 한다면 중요한 것은 그 돈을 찾아서 쓸 수 있는 삶이 되어야 합니다. 그리스도인들은 천억 보다 훨씬 더 크고 가치 있는 예수 그리스도를 소유한 사람들입니다.

우리의 실패와 절망과 좌절은 현실의 실패가 아니라, 내 안에 있는 그리스도를 보지 못하는 실패입니다.

나의 묵상 🌿

_____

_____

_____

_____

_____

_____

살아라! 힘내라! 100조개의 세포가 합창을 부르고 있다.

17일 _ 살아라! 힘내라! 100조개의 세포가 합창을 부르고 있다.

"하나님이 그들에게 복을 주시며 하나님이 그들에게 이르시되 생육하고 번성하여 땅에 충만 하라 바다의 물고기와 하늘의 새와 땅에 움직이는 모든 생물을 다스리라 하시니라"(창1:28)

우리가 잘 아는 철학자 '소크라테스'는 인류에게 영원한 물음 하나를 던졌습니다. '너 자신을 알라'는 말입니다. '나'자신을 아는 것이 철학의 궁극적인 목적이라는 뜻입니다. '나'자신을 이해하는 두 개의 지평이 있습니다.

하나는 우주로 나가서 우주의 시점에서 '나'를 보는 지평입니다. 우주에는 1000억 개의 은하계가 있다고 합니다. 하나의 은하계 안에 1000억 개의 별들이 있다고 한다면, 우주에 있는 별들은 1000억 개의 은하계가 각각 1000억 개의 별들을 가지고 있습니다. 그 수를 계산하면, 100,000,000,000,000,000,000,000개의 별들이 있는 셈입니다. 10의 22승입니다.

그 10의 22승의 많은 별들 중에 우리 지구가 있는 것이고, 그 지구 안에 80억 명의 사람들이 있습니다. 그리고 그 80억 명 중에서 바로 '나'라고 하는 한 인간이 있는 것입니다. '나'라고 하는 존재를 우주적인 차원에서 본다면 얼마나 미흡하고 작은 존재 인가요?

이와는 반대로 '나'라고 하는 존재를 내 몸으로 들어가서 보는 지평이 있습니다.

우리의 몸은 60조 개에서 100조 개의 세포로 이루어져 있습니다. 그 세포 하나 하나마다 핵을 가지고 있고, 그 작은 세포는 각각 100조개의 원소들을 가지고 있습니다. 100조 개의 세포와 100조 개의 원소들을 곱한다면, 10의 28승이 됩니다. 우주 안에 들어 있는 그 수많은 별들보다 훨씬 더 많은 세계를 '나'의 몸이 가지고 있다는 것입니다.

그렇다면, '나'라고 하는 존재가 얼마나 경이로운 존재인가요? 그 수많은 복합체들이 유기적으로 신묘막측하게 결합하여, '나'라고 하는 '생명'을 이루고 있습니다. 그 수많은 존재들을 품고 있는 100조 개의 세포들이 바로 '나'를 이루어, 이렇게 합창을 하고 있습니다.

"생육하고 번성하라 땅에 충만 하라, 정복하라, 다스리라."

우리가 왜 살아갈까요? 죽지 못해서 사는 것일까요? 꼭 무슨 이유와 목적이 있어야만 살아가는 것일까요? 물론 우리의 생명은 목적을 가지고 있습니다.

그러나 목적보다 더 큰 살라고 하는 명령이 우리 안에 있기 때문에 우리가 살아가는 것입니다. 우리의 몸의 100조 개의 세포가 '살아라! 살아라!' 합창을 부르며 격려하고 있기 때문에 우리가 살아가는 것입니다.

나의 묵상 🌿

_____

_____

_____

_____

_____

_____

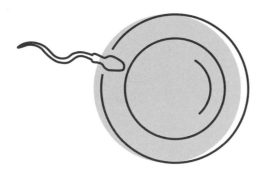

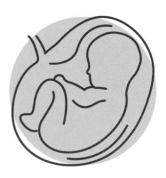

한 번 태어난 것은 한 번 더 태어나기 위한 것이다.

18일 _ 한 번 태어난 것은 한 번 더 태어나기 위한 것이다.

"예수께서 대답하여 이르시되 진실로 진실로 네게 이르노니
사람이 거듭나지 아니하면 하나님의 나라를
볼 수 없느니라"(요3:3)

우리 몸의 100조 개의 세포들 중 더 중요하고, 덜 중요한 세포의 서열이 존재할까요? 우리가 생각하기에는 모든 세포들이 다 중요합니다. 왜냐하면 각각 자기가 속한 몸의 영역에서 자기의 사명을 다 하고 있기 때문입니다.

피부에 있는 피부 세포는 우리의 피부를 만들어 뼈와 근육을 보호 해 주고 있고, 심장에 있는 세포는 심장 역할을 해주고 있습니다. 우리 몸에 흐르고 있는 피들 속에 있는 적혈구, 백혈구, 그 어느 것 하나 소중하지 않은 역할을 하는 무의미한 세포는 없습니다.

그러나 한 번 더 생각해 보면 그렇지 않을 수가 있습니다. 팔이 하나 잘려도 살 수 있습니다. 다리가 한 쪽이 없어도 불편하지만 생명에는 지장이 없습니다. 그러나 만일 심장에 총을 맞는다거나, 머리에 총을 맞으면, 더 이상 살 수가 없습니다. 다 중요한 것 같지만 우리의 생명을 유지하는 역할에서는 더 중요한 부분들이 있다는 것입니다.

이 우열의 세계는 세포 세계에도 마찬가지입니다. 우리 몸의 세포는 1년 동안 98퍼센트가 새롭게 바뀝니다. 이렇게 세포가 죽고 다시 태어나기를 일생 동안 50번 정도를 반복합니다. 또한 우리의 몸 안에서는 매일 1000억 개의 이상의 세포가 살고 죽기를 반복하고 있습니다. 이 끝없는 세포의 거듭남을 가능하게 하는데 가장 중요한 세포는 바로 '줄기세포'입니다.

하나님은 우리 몸을 끊임없이 재생시키고 새로 살아갈 수 있도록 우리 몸 안에 극히 소량이지만, 아주 특별한 세포인 '줄기세포'를 주셨습니다. 다리가 잘린 도롱뇽에게서 새로운 다리가 자라나고, 꼬리 잘린 도마뱀에게 꼬리가 재생되게 하는 세포가 바로 줄기세포입니다.

우리 몸의 상처 난 피부가 재생되고, 부러진 손톱이 다시 자라나는 것, 부러진 뼈가 붙고 손상된 부위가 자연 치유되게 하는 능력을 가진 세포가 줄기세포 입니다. 줄기세포를 통해 매일 새롭게 태어나게 되는 것입니다.

　그럼 우린 생각해 봐야 합니다. 우리의 몸이 줄기 세포로 인해 매일 거듭나고 있다고 한다면, 거듭남의 일상으로 우리가 살아가는 것이라고 한다면, 거듭남은 우리가 부인할 수 없는 절대적인 명령입니다.

　한 번 태어나면 인생이고 거듭나면 영생입니다. 한 번 태어난 것은 한 번 더 태어나기 위해서입니다. 닭 알이 한 번 태어난 것은 병아리로 한 번 더 태어나기 위함과 같이, 우리의 인생은 한 번 더 태어나 하나님의 자녀가 되기 위한 과정인 것입니다.

나의 묵상 🌿

_____

_____

_____

_____

_____

_____

줄기세포! GOD CURE! WE CARE!

19일 _ 줄기세포! GOD CURE! WE CARE!

"내 이름을 경외하는 너희에게는 공의로운 해가 떠올라서
치료하는 광선을 비추시리니 너희가 나가서 외양간에서
나온 송아지같이 뛰리라"(말4:2)

줄기세포를 'Stem Cell'이라고 합니다. Stem은 줄기라는 뜻으로 '기원하다'라는 말입니다. 그리고 Cell은 '작은 방'을 의미합니다. 줄기세포란 '기원을 생기게 하는 작은 방', '생명을 낳는 근원적인 작은 방'이라는 뜻입니다.

정자와 난자가 둘이 한 몸이 된 것을 수정란이라고 합니다. 이 수정란에서 '배아 줄기세포'가 생기는데, 바로 이 배아 줄기세포가 우리의 뼈와 혈액, 심장과 근육, 몸의 장기들을 만들어내는 전지전능한 세포입니다. 배아 줄기 세포가 우리 몸의 모든 부분을 만들어 내는 '근원을 만들어내는 작은 방'입니다.

이 전지전능한 배아줄기 세포를 우리 몸이 그대로 간직하고 있다면 얼마나 좋을까요? 그러나 배아줄기 세포는 영원할 수 있기에 죽어야 합니다. 만일 여전히 살아 움직인다면 이 세포는 아주 교만하고 자기만 아는 세포가 될 가능성이 높습니다. 기형인 암세포를 형성하게 되고, 너무나 교만해서 면역 자체를 거부하는 반응을 나타내 보일 수 있습니다.

배아줄기 세포는 자기의 활동을 완성한 후에, '성체 줄기세포'로 인 카네이션 하게 됩니다. 배아줄기세포가 자기의 전능성과 이기성을 내려놓고 우리 안에 겸손하게 존재하는 형태가 성체줄기세포 입니다. 성체줄기세포는 생명 윤리적인 문제를 야기시키지도 않으면서, 배아줄기세포가 가진 전능성의 일부를 가지고 우리의 몸 구석구석을 치료합니다.

저는 의사이지만, 인간을 치료하는 가장 뛰어난 의사는 우리 몸 안에 있다고 확신합니다. 아무리 뛰어난 의사라 하더라도, 하나님께서 우리 안에 주신 성체 줄기세포의 자연 치유력을 넘어설 수 없습니다.
GOD CURE! WE CARE! '하나님께서 치료하시고, 의사는 돌볼 뿐이다.' 제가 가진 의사로서의 철학입니다.

우리 몸 안에 우리의 생명을 만들어 내는 근원적인 방이 있습니다. 예수 그리스도가 계신 방, 예수 그리스도의 생명력이 제단을 타고 흘러 우리 몸 곳곳으로 흐르게 하는 방! 그 거룩한 방이 우리 몸의 상징처럼 존재하고 있는 것이 줄기 세포이며, 하나님께서 우리에게 주신 치유의 지성소인 것입니다.

우리가 하나님을 경외하는 마음으로 바깥에 집중하던 우리의 시선을 우리의 내면으로 거두어들이고, 우리 몸 안에서 일어나는 신비에 귀를 기울인다면, 우리를 치료하시는 예수 그리스도! 그 공의로운 해가 떠오르게 될 것입니다.

나의 묵상 🌿

_____

_____

_____

_____

_____

_____

줄기세포는 성 육신 하신 예수 그리스도를 보여주는 예표다.

20일 _ 줄기세포는 성 육신 하신 예수 그리스도를 보여주는 예표다.

> "그는 근본 하나님의 본체시나 하나님과 동등 됨을 취할 것으로
> 여기지 아니 하시고 오히려 자기를 비워 종의 형체를 가지사
> 사람들과 같이 되셨고 사람의 모양으로 나타나사
> 자기를 낮추시고 죽기까지 복종하셨으니
> 곧 십자가에 죽으심이라"(빌2:6~8)

최근에 나온 '유발 하라리'의 '호모 데우스'라는 책을 보면, 가까운 미래의 인간은 인류의 문제인 굶주림과 질병 그리고 전쟁의 문제를 해결하게 될 것이고, 그렇게 된 다음에 인류는 '호모 데우스' 즉 자신들이 신이 되려고 할 것이라고 예측 하였습니다.

유전자 치료술과 줄기세포의 통합은 인간으로 하여금 수정의 단계에서부터 최고의 유전자를 추구하게 만들 것이고, 전능세포인 배아 세포를 셀뱅킹해서 보관할 것입니다. 그리고 향후 발생될지 모르는 질병이나 사고에 대비하여 인간은 자신의 장기와 신체를 만들어 보관하고, 문제가 생길 때마다 바꿔가며 영생을 추구해 나갈 수

도 있습니다.

우리 세계는 영원성에 대한 두 개의 대립 속에 있습니다. 영원한 생명은 인간의 힘으로 만들어낼 수 있는 것인가? 아니면 오직 하나님의 은혜로 주어지는 것인가? 과학인가 은혜인가 하는 대립 말입니다.

저는 이 물음에 대한 답을 줄기세포의 원리에서 찾아보게 됩니다. 줄기세포의 원리란 한 마디로 성 육신의 원리입니다. 배아 줄기세포는 전지 전능합니다. 그러나 전지 전능한 배아 줄기 세포는 스스로를 낮추고 비하하여 우리 몸의 성체 줄기 세포로 인 카네이션(성 유신) 합니다.

그리고 그 낮아진 성체 줄기 세포 안에서 우리의 몸이 생명으로 거듭나며, 재생되는 것입니다. 줄기세포는 마치 전지 전능하신 예수 그리스도께서 한계가 있는 육체 안에 오셔서, 예수 안에서 영생을 얻게 하는 이미지를 보여 주고 있다는 것입니다.

줄기세포의 성육신적인 메커니즘은 인간으로 하여금 유전자를 조작하고, 줄기세포를 극대화하여 영생하라는 메시지가 아닙니다. 하나님은 모든 인간 안에 줄기세포를 넣어 두시고 이를 통해 성육신하신 예수 그리스도가 우리의 구원임을 말씀해 주시고 있습니다.

우리 몸 안에 성육신으로 남아 있는 성체 줄기세포는 우리 몸 안에서 예수 그리스도를 가리키고 있는 손가락입니다. 우리가 찾아야 할 영생의 해답은 예수 그리스도 입니다.

나의 묵상

우뚝 서 있는 십자가가 인류의 기둥이다.

21일 _ 우뚝 서 있는 십자가가 인류의 기둥이다.

"그들이 예수를 맡으매 예수께서 자기의 십자가를 지시고
해골(히브리말로 골고다) 이라 하는 곳에 나가시니 그들이
거기서 예수를 십자가에 못 박을새"(요19:17~18)

가난한 집 안에서 태어난 두 형제가 있었습니다. 형은 자포자기 인생으로 살다가 거지가 되고, 동생은 열심히 공부해서 유명한 교수가 됩니다. '어찌 이렇게 다를 수 있을까?' 라고 생각한 기자가 연구를 하기 시작했습니다.

형제가 자란 집에는 'Dream is nowhere.'라고 적혀 있는 조그만 액자가 하나 걸려 있었는데 두 형제는 그 액자 속에 적힌 글을 보면서 자랐습니다. 기자는 형제에게 그 액자가 기억나느냐고 물었습니다.
그러자 거지가 된 형이 대답을 합니다. "있었죠. 그 액자에는 'Dream is nowhere. (꿈은 어느 곳에도 없다.)' 라는 글이 써있었지

요. 전 그것을 보며 늘 생각했습니다. 내게는 어떤 희망도 없다는 것을요."

그러나 대학교수로 성공을 한 동생은 다르게 대답했습니다. "띄어쓰기가 잘못됐던 액자가 있었습니다. 'Dream is nowhere'로 써있었지만, 원래는 'Dream is now here.' (꿈은 바로 지금 여기에 있다.) 입니다. 저는 그 글을 보면서 그래 꿈은 여기에 있어! 나도 그 꿈을 이루겠어! 하고 열심히 살았습니다."

인생을 결정하는 것은 '태도의 문제이다.'라는 말이 있습니다. 객관적 사실이 무엇인가 보다 그 사실을 바라보는 태도가 우리의 인생을 결정하는 더 중요한 요소라는 뜻입니다.

척추의 질환은 대부분이 태도에서 옵니다. 삶이 무거워서 오는 것보다는 잘못된 자세 때문에 오게 됩니다. 하나님께서는 우리의 척추를 수평이 아닌 수직의 구조로 만들어 주셨습니다. 척추는 땅을 향해 누워 있는 모습이 아니라, 하늘을 향해 우뚝 서 있는 형상입니다. 오직 인간의 척추만이 기둥처럼 세워져 있습니다.

십자가는 모든 인류를 떠 받치고 있는 척추 입니다. 십자가 세상의 모든 죄 짐을 감당할 수 있는 이유는 똑바로 서 있기 때문입니다. 절망과 포기와 슬픔의 '골고다'라는 사실 보다 더 강력한 것이 똑바로 서 있는 십자가 이듯이, 우리는 십자가의 올곧음을 통해서 삶의 태도를 배워야 합니다.

내 마음이 꺾이지 않으면 아무도 우리의 의지를 꺾을 수 없습니다. 내가 허락하지 않으면 아무도 내 마음을 빼앗을 수 없습니다.

인류의 기둥인 십자가를 바라봅니다. 한 없는 죄와 어둠의 무게가 짓누르고 있어도 영원히 우뚝 서 있는 십자가! 변함없이 우리를 사랑하신다는 하나님의 영원한 의지! 그 십자가가 우리 인생의 척추입니다. 그 십자가를 바라보는 한 우리는 희망의 의지를 가지고 일어설 수 있습니다.

나의 묵상 🌿

_____

_____

_____

_____

_____

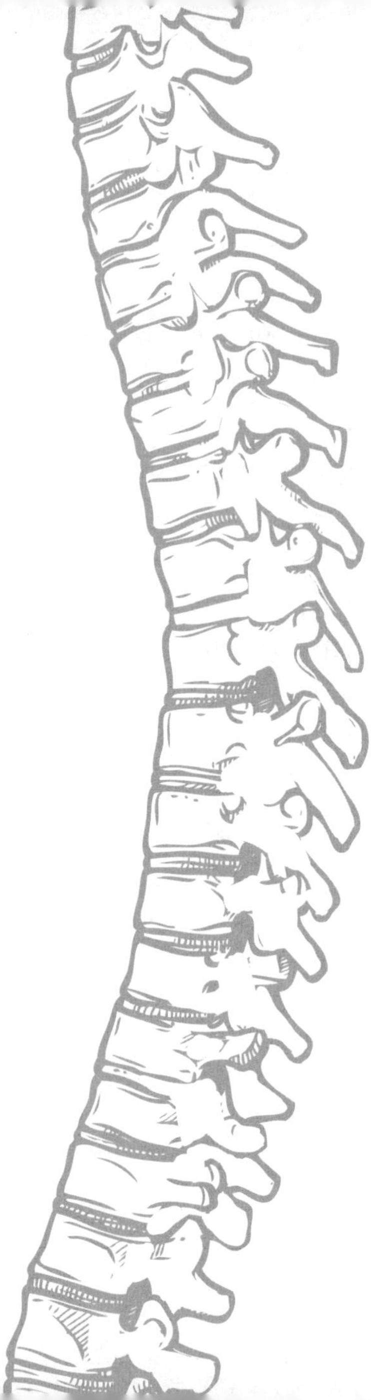

22일 _ 내 척추가 소중하다면 교회도 소중하다.

"교회는 그의 몸이니 만물 안에서 만물을 충만하게 하시는
이의 충만함 이니라"(엡1:23)

척추는 우리 몸에서 세가지 핵심 기능을 담당합니다. 첫째로 몸의
기둥 역할을 하며, 둘째로는 중추신경과 말초신경의 소통을 담당합
니다. 그리고 셋째로 척추는 몸의 상지와 하지를 협력시키는 역할
을 합니다.

교회가 세워지는 원리와 우리의 척추 원리는 똑같습니다. 교회는
세상의 기둥입니다. 교회가 기둥처럼 세계를 떠 받들고 있습니다.
교회의 머리는 그리스도이며, 그리스도는 말초신경인 우리에게 명
령을 내립니다. 그리스도와 우리가 의사 소통을 합니다. 그리스도
가 움직이면, 우리가 움직이고, 우리가 움직이면, 그리스도도 함께

움직입니다.

사람들은 교회가 너무 많다고 비판들을 합니다. '교회가 이렇게 많은데 왜 세상이 정의롭지 못한가? 왜 교회가 오염되고 썩어 있는가?' 하는 비판의 소리들이 거세지고 있습니다.

그런 여파 때문인지 한국교회의 성도들은 매년 마다 줄어들고 있습니다. 한 해에 교회 건물 100개씩 사라지고 있습니다. 제가 속한 감리교단만 보더라도 2011년 기준으로 한 해 결산을 4000만 원을 내지 못하는 미자립 교회들이 전체 54퍼센트를 차지하고 있습니다. 교회의 청년들과 매년 마다 교육 선교를 가서 여름 성경 학교 봉사를 하는데, 지방의 20개 교회의 주일학교 아이들을 모아 놓아도 100명이 되지 않는 상황입니다.

청년들의 상황은 더 어렵습니다. 인터넷 문화에 익숙해진 청년들은 안티 기독문화에 쉽게 노출되어 그들이 비난하는 논리를 그대로 되뇌며 교회를 떠나고 있습니다. 너무도 슬픈 일이 아닐 수가 없습니다.

사람을 볼 때 '성장'과 '성숙'이 동시에 일어나는 경우들은 거의 없습니다. 생명은 먼저 성장하고 그리고 성숙합니다. 중학생 아이들은 성장하였지만, 아직 성숙이 완성되지 않습니다. 만일 덩치가 큰 중학생에게 "너는 성숙한 인격이 되지 못했으니, 더 이상 성장하지마!" 라고 이야기할 수 있을까요?

한국 교회는 '성장'을 이루었습니다. 그 '성장'속에서 '성숙'은 아직 완성되지 않은 미완성의 상태입니다. 교회가 성숙하지 못했으니, '성장을 포기하라. 교회의 문을 닫아라.'라고 말한다는 것은 그리스도의 핏 값을 가벼이 여기는 태도입니다.

하나님께서는 교회를 우리의 척추를 본 따서 만드셨습니다. 우리의 척추를 소중히 여긴다면, 교회를 소중히 여겨야 합니다.

나의 묵상 🌿

_____

_____

_____

_____

_____

_____

23일 _ 사람이 소중한 이유

"하나님이 세상을 이처럼 사랑하사 독생자를 주셨으니 이는 그를 믿는 자마다 멸망치 않고 영생을 얻게 하려 하심이라"(요3:16)

척추의 구조를 보게 되면 집을 짓는 구조와 흡사합니다.

척추의 뼈는 벽돌과 같습니다. 그리고 디스크는 벽돌을 이어 붙이는 접착제 역할입니다. 뼈의 구멍 안에는 신경이 연결되어 있는데, 이는 마치 전선과 같습니다. 그리고 뼈와 뼈를 인대가 시멘트처럼 든든히 붙잡아 주고 있습니다. 그리고 그 주변을 근육이 둘러싸고 있습니다.

사람의 몸은 '성전'이라고 합니다. 이스라엘 성전의 목적이 하나님의 언약 궤를 모시기 위한 것이듯, 우리의 몸은 하나님을 모시기 위한 건축물 입니다. 하이데거는 인간을 '존재의 집'이라고 말했습니다. 존재가 사는 집 즉 하나님이 사는 집 이라는 것입니다. 하이데 거가 그 '존재'를 '언어'라고 말했듯이, 사람이란 '말씀'이신 '그리스 도'를 모시기 위한 집입니다.

오늘날은 '인간은 왜 소중한 존재인가?' 라는 물음이 던져지는 시 대 입니다. '인간은 아메바에서 진화되어 가장 발전된 존재이기에 소중하다'라고 하는 주장들이 있습니다.

또 어떤 사람들은 모든 생명들은 다 소중하다. 가축들의 생명도 곤충들의 생명도 인간들의 생명도 다 똑같이 소중하지 인간의 생명 이 더 소중한 이유는 없다라고 말하기도 합니다.

인간이 가장 진화된 발전된 존재라고 한다면 그 발상은 이기주의 입니다. 인간이 가장 강하기 때문에 소중하다고 한다면 그 발상은 약육강식입니다.

모든 생명이 다 똑같이 소중할까요? 생명은 생명을 섭취해서 살아 갑니다. 코로 숨 한 번 들이 마셔도 수십억 마리의 보이지 않는 생 명들이 배 속에 들어옵니다. 우리 밥상에 올라오는 생선 만 해도 그 생선이 멸치를 먹고, 멸치는 플랑크톤을 먹고, 플랑크톤은 또 다른 생명들을 먹었습니다. 생명은 생명으로 살아가는 것입니다.

하나님께서는 우리의 생명을 더 소중히 여기셨습니다. 사람의 생명 가치를 최고로 생각하시고 하나님의 아들 생명을 우리에게 주셨습니다. 육축과 기는 것들과 풀과 나무와 다른 모든 생명들을 사람에게 주셨습니다. 인간의 생명은 왜 더 소중한가? 하나님께서 우리를 소중히 여겨 주셨기 때문에 소중한 것입니다.

그런데 더 놀라운 것은 우리의 생명 가치를 최고로 올려 주신 하나님께서 우리 안에 주인으로 들어오시기 원하신다는 것입니다. 인간이 소중한 이유는 하나님에게 있습니다. 하나님이 우리 안에 거하시고 또 거하기 원하시기 때문입니다.

나의 묵상 🌿

―――――――――――――――――――――――――――――――
―――――――――――――――――――――――――――――――
―――――――――――――――――――――――――――――――
―――――――――――――――――――――――――――――――
―――――――――――――――――――――――――――――――

24일 _ 내가 세상에 나온 이유

"내 집은 기도하는 집이라 일컬음을 받으리라 하였거늘
너희는 강도의 소굴을 만드는 도다 하시니라"(마21:13)

척추는 우리 몸을 이루는 기본 프레임이라 할 수 있는데, 하나님
께서 하나님의 집을 지어 가시는 프레임이 척추와 너무도 닮아 있
습니다.

성경에서 7과 12, 그리고 10이라는 숫자는 매우 중요한 의미임을
우리는 잘 알고 있습니다. 천지를 창조하시고 완성하시는 것을 7일
창조로 보여 주시고 있고, 이스라엘이라는 나라를 12지파, 혹은 12
제자들을 통해서 완성 하십니다. 그리고 10개의 '계명'을 통해서 하
나님 나라의 백성들을 출산하십니다.

성경에서 7은 창조의 완성이고, 12는 하나님 나라의 집의 완성이며, 10은 하나님 나라 백성의 탄생을 의미합니다. 그런데 바로 우리의 척추가 같은 구조 입니다. 척추는 7개의 경추와 12개의 흉추 그리고 요추가 허리에 5개, 골반에 5개 이렇게 10개로 되어 있습니다.

그 뼈들의 기능을 봐도 성경의 의미와 닮아 있다는 것을 볼 수 있습니다. 성경에서 7째 날을 안식일이라고 하고, 그 안식일의 주인을 그리스도라고 합니다. 그리스도는 그의 몸 된 교회의 머리가 되십니다. 마치 7개의 경추가 우리의 머리를 받치고 있는 것과 유사합니다.

또한 12개의 마디를 가지고 있는 흉추는 좌우 12개씩의 갈비뼈와 연결되어 우리의 장기를 보호합니다. 마치 12지파나 12제자들의 연합을 통해 이스라엘이 보호되고 있는 것과 같습니다.

그리고 요추에 해당하는 뼈 10마디는 생식과 출산과 연결되어 있습니다. 사람의 몸의 골반에서 생명이 잉태되고 출산되듯이 10이라고 하는 계명을 통해 하나님 나라의 백성을 잉태하는 성경의 구조의 패턴과 유사하다는 것입니다.

저는 우리 몸의 기본 프레임을 이루고 있는 척추를 통해서 하나님의 마음을 보게 됩니다. 사람을 하나님께서 거하시는 집으로 건축

하시겠다는 하나님의 의지를 보게 됩니다. 집을 짓는 주체는 주인이며 목적은 그 집 안에 주인으로 거하기 위해서입니다. 하나님께서는 우리에게 몸을 주시고, 우리의 생명이 시작 하는 그 순간부터 우리 안에 거하시기를 원하십니다.

우리는 몸을 가지고 일평생을 살면서 물어야 합니다. 내 몸인 이 집은 빈 집인가? 누가 사는 집인가? 강도가 사는 집인가 아니면 참된 주인이신 그리스도께서 거하시는 하나님의 집인가? 물어야 하는 것입니다.

나의 묵상

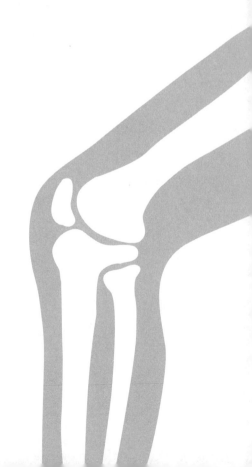

복은 무릎에 있다.

25일 _ 복은 무릎에 있다.

"복 있는 사람은 악인들의 꾀를 따르지 아니하며 죄인들의 길에 서지 아니하며 오만한 자들의 자리에 앉지 아니하고"(시1:1)

많은 사람들이 일반적으로 생각하는 복에 관한 생각은 '인과응보(因果應報)' 입니다. '착하게 살면 복을 받는다. 덕이 있어야 복을 받는다. 신을 잘 섬겨야 복을 받는다. 계명을 잘 지켜야 복을 받는다.' 라는 식의 생각 입니다.

그렇다면 정말 인과응보가 맞는지 생각해 볼 필요가 있습니다. 덕이 있는 사람은 정말 복을 받을까요?

우리는 주위에서 착하게 사는 사람이 지지리 복이 없는 것 같고, 악하게 사는 사람이 잘 사는 것을 많이 보게 됩니다. 예배에 열심히 참여하고 계명을 잘 지키고 기도도 많이 하지만 재앙을 당하고, 심지어 가정 형편이 더 어려워지는 것을 사실로 볼 때가 한 두 번이 아닙니다.

시편 1편은 복 있는 사람의 상태를 '우리 몸의 다리'와 연결시키고 있습니다. 복 있는 사람은 악인들의 꾀를 '따르지 않는다', 죄인들의 길에 '서지 않는다', 오만한 자들의 자리에 '앉지 않는다.'라고 합니다.

시편 1편에서 말하는 '복' 이란 단어는 '곧다', '솔직하다', '직행하다, 똑바로 가다'라는 뜻을 가지고 있습니다. 모두 다리와 관련된 단어입니다. 한 마디로 무릎이 거듭난 사람이 복 있는 사람이라는 것입니다.

옳은 것을 향해 똑바로 가는 무릎! 오만한 자리에 앉지 않는 무릎! 악한 꾀를 따르지 않는 무릎! 무릎을 잘 쓰는 사람이 복 있는 사람이라는 것입니다.

하나님 앞에, 진리 앞에 무릎 꿇은 사람! 나의 노력과 업적을 근거로 당연히 복을 달라는 인과응보가 아니라, 복이 하나님께 있음을 알고 그 앞에 무릎 꿇은 사람이 진정으로 복 받는 사람입니다.

현대인들은 99개를 가지고도 만족할 줄 모르고 가지지 못한 나머지 1개에 대한 불만족을 토로합니다. 그 1개를 더 가지겠다고 불의한 자들의 꾀를 따르고 악인들의 길에 들어서며 오만한 자들의 자리에 앉는 행동을 서슴없이 행합니다. 그 1개를 더 소유해야 '복' 받은 인생이라고 생각을 하는 것입니다.

　복이란 하나님과 동행하는 무릎이 누리는 행복입니다. 정직한 무릎이 누리는 기쁨, 진리의 길에 들어선 무릎에게 값없이 주시는 은혜인 것입니다.

나의 묵상 🌿

_____

_____

_____

_____

_____

_____

'걷기'는 '신비'의 연발이다.

26일 _ '걷기'는 '신비'의 연발이다.

"사십 년 동안에 너로 광야의 길을 걷게 하신 것을 기억하라
이는 너를 낮추시며 너를 시험하사 네 마음이 어떠한지
그 명령을 지키는지 아니 지키는지 알려 하심이라"(신8:2)

아리스토텔레스 학파를 '소요학파(逍遙學派)'라고 합니다. '걷는 학파'라는 뜻입니다. 프랑스의 사상가 루소는 말하기를 "걸음이 멈추면 생각이 멈춘다"고 하였습니다. 탈레스는 생각에 잠겨 걷다가 우물에 빠지기도 하였고, 소크라테스는 걷다가 사람들을 붙잡고 대화를 나누었습니다. 칸트는 매일 같은 시간에 산책을 나가 걸었습니다. 걷기는 우리의 마음을 잔잔하게 합니다.

걷는 속도가 체험의 속도입니다. 걷는 세계에서 세상은 우리에게 그대로 경험됩니다. 들에 핀 꽃 한 송이를 들여다 보기도 하고, 갈라진 길의 기로에 서면, 어디로 갈지 고민에 잠기기도 합니다. 걸으

면 자연도 말을 걸고, 사람도 자세히 보이고, 내 마음 상태도 보여
지게 됩니다.

 하나님께서는 당신의 백성들을 광야에서 40년 동안이나 걷게 하
셨습니다. 그 걷기의 목표를 낮추심이라고 하십니다. 아브라함과
이삭과 야곱은 정착하는 사람들이 아니라, 걸어 다니는 유목민들
이었습니다. 아브라함은 자신을 '나그네'라고 하였듯이 '길을 걷는
사람들'이 이스라엘의 정체성 입니다. 그러나 40년의 길을 걷던 이
스라엘이 가나안을 정복하고 정착하여 걷기를 포기하자 오히려 정
복당하는 민족이 되고 말았습니다.

 걷기는 인간을 가장 인간답게 합니다. 우리가 걸으면 발은 땅을
딛고 허리는 꼿꼿이 서게 되고, 머리는 하늘을 향한 형이상학이 됩
니다. 그리고 눈은 다가오는 미래인 앞을 바라보게 됩니다. 팔은 앞
뒤로 휘저으면서 과거와 현재와 미래를 왔다 갔다 합니다. 걷는 순
간 순간이 형이상학과 형이하학의 조화이며, 과거를 밀어내고 미래
를 끌어당기면서 현재를 살아가게 하는 신비입니다.

 사람은 걸을 때 몸의 막힌 곳이 뚫리게 됩니다. 발바닥의 신경망
이 자극되어 오장육부가 반응을 합니다. 뇌도 활성화됩니다. 걸으
면 우울증이 치료되고, 혈압이 정상화 되고 당뇨병이 개선됩니다.
걸으면 심장 마비의 위험을 감소시키고, 장암과 유방암의 확률을

줄여줍니다.

또한 걸을 때 몸의 제2의 심장인 허벅지와 무릎을 강하게 해서 스테미너와 활력을 늘어나게 하며, 몸 전체의 균형을 잡아주게 합니다. 걸을 때 나는 땀을 통해 몸의 노폐물을 씻겨줍니다.

이처럼 걷기는 신비의 연발입니다. 하나님께서 우리에게 허락하신 놀라운 은총들을 경험하는 길이 우리의 무릎에 있는 것입니다. 걷는 삶이 될 때 걸어 다니는 그 구체적인 작은 일상이 신비의 세계로 들어가는 문이 됩니다.

나의 묵상 🌿

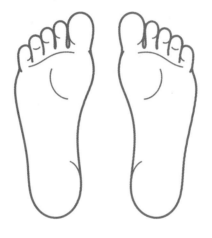

발이 되라는 말씀

27일 _ 발이 되라는 말씀

"예수께서 이르시되 이미 목욕한 자는 발밖에 씻을 필요가
없느니라 온 몸이 깨끗하니라 너희가 깨끗하나
다는 아니니라 하시니"(요13:10)

인간을 기하학적으로 표현한다면 동그라미와 네모와 세모라 할
수 있습니다. 동그라미는 머리를 형상화한 표현이고, 네모는 우리
의 몸통을 말합니다. 그리고 세모는 앉아 있는 사람의 다리 모양입
니다.

머리를 잘 쓰는 사람은 동그라미 세계관이라 할 수 있습니다. 동
그라미는 기하학적 구조상 잘 굴러 갑니다. 머리에 중심을 둔 세계
관은 지식과 정보에 따라 입장이 달라지고 생각이 변하기가 쉽습니
다.

몸통에 중심을 둔 사람은 감정 형 인간, 네 모형 인간이라 할 수 있습니다. 생각과 이성보다 감정이 앞서는 사람의 세계관입니다. 많은 것을 느끼고 공감할 줄 아는 감정이 풍부한 사람입니다. 그러나 네모 또한 넘어질 수 있습니다.

　가장 견고한 기하학적 구조는 피라미드와 같은 세 모형 구조입니다. 힘의 중심을 아랫배 밑에 다리에 두고 있는 사람입니다. 이성과 감정 보다 행동과 실천에 빠른 사람입니다. 가만히 앉아 책을 읽는 것으로 지식을 체득하는 사람이 아니라, 발로 뛰어 보고 행동해 봐서 체험을 통해 아는 사람입니다. 이런 류의 세계관을 가진 사람은 잘 변하지 않습니다. 흔들리지 않습니다.

　신앙의 세계는 머리로 안 것을 가슴으로 느끼고, 가슴으로 느낀 것이 발까지 내려가는 세계입니다. 알고 느낀 것을 실천하고 살아내는 세계입니다.

　예수님은 제자들의 머리가 아니라 발을 씻겨 주셨습니다. 이미 목욕한 자들을 향해서 발 밖에 씻을 곳이 없다고도 하셨습니다. 왜 머리는 씻기지 않으시고, 발만 씻으라 하시는 걸까요? 머리는 예수님이 되시고, 우리는 발이 되라는 의미이기 때문 입니다.

　우리가 그리스도 안에서 세례를 받은 것은 나의 머리 됨, 나의 주인 됨이 제거된 것을 의미합니다. 그리스도와 함께 죽은 '나' 에게 '나의 머리' 는 없습니다. 대신 예수님께서 우리의 머리로 오시는 것입니다. 예수님을 머리로 받아들인 사람은 이제 예수님의 발이 되어야 합니다. 내가 머리에 앉아 있다면 동그라미 세계관과 같이 변하기 쉽고 흔들리기 쉽습니다. 내가 머리로 있으면 생각이 변하고, 마음이 변하고, 의지가 변합니다. 예수님께서 나의 머리로 오셔야 변함이 없는 것입니다.

  그리스도인은 가치관과 세계관 인생관이 예수 그리스도에게 완전히 장악된 사람들 입니다. 그럼 이제 남은 것은 우리의 발입니다. 발이 그리스도께 장악되어 그 분과 함께 거룩한 명령을 수행하는 인생이 되는 것입니다.

나의 묵상 🌿

_____

_____

_____

_____

_____

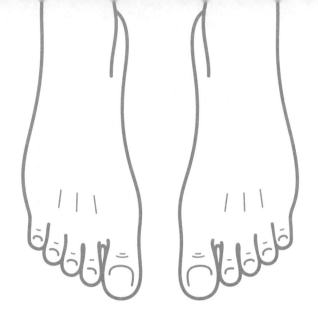

28일 _ 발에 새기는 영혼의 모습

"하나님이 이르시되 이리로 가까이 오지 말라 네가 선 곳은
거룩한 땅이니 네 발에서 신을 벗으라"(출3:5)

우리 몸에서 발이 차지하는 부피 면적은 2% 밖에 되지가 않습니다. 그러나 그 만큼 부피를 적게 차지하면서도 엄청나게 비중 있는 역할을 담당하고 있는 것이 발입니다.

발은 몸의 가장 낮은 곳에서 전체 무게를 감당합니다. 그럼에도 발은 가장 천대받고 무시를 받습니다. 가장 더러운 땅을 접촉합니다. 구조적으로도 발은 머리에서 가장 말단에 속해 있습니다.

손이나 특히 얼굴에는 조금만 상처가 나도 병원을 갑니다. 그런데 발은 그냥 양말로 가리거나 신발로 가리고 다닙니다. 굳은 살이 박

히고 못생겨지고, 제일 피곤해도 제일 손이 가지 않는 곳이 발입니다.

인류사를 보더라도 사람들은 발을 천대 했습니다. '내 발 앞에 무릎을 꿇어라 내 발바닥이나 핥으라'고 하는 말은 가장 미천한 곳 보다 더 못한 곳으로 엎드리라는 뜻입니다. 힌두권에서 신었던 신발을 상대에게 벗어 던지는 행동은 가장 심한 모멸의 표시입니다.

그러나 예수님께서 제자들을 어루만져주신 부위는 손이나 얼굴이 아니었습니다. 가장 비천한 발이었습니다. 하나님께서 모세를 부르실 때에도 신을 벗으라고 하십니다. 부르터진 발, 있는 그대로의 발을 내놓으라고 하셨습니다.

내가 걸어온 삶의 형상이 발에 새겨집니다.

저의 아버님께서 돌아가시기 전, 저희의 병원에서 아버님을 모시고 있었을 때, 제 가슴을 가장 아프게 했던 부위는 앙상하게 마른 아버지의 발이었습니다. 80년 넘는 세월의 무게를 묵묵하게 걸어오셨던 아버지의 발! 저 발로 일제 시대를 살아내시고, 6.25 전쟁과 산업화 시대를 뛰어다니시며 아픈 환자들을 돌보셨을 그 발의 수고 앞에서, 저는 부끄러움을 느꼈습니다.

'아버지의 발로 걸어내신 삶의 아름다운 거리만큼 나도 걸어갈 수 있을까? 그토록 아름다운 삶을 살아내시고 그 영광을 천국 너머로 유보시킨 저 앙상한 발처럼 나도 겸손할 수 있을까?'

예수님의 형상을 새기고 가신 아버지처럼, 이 발도 예수님을 닮아 가기를 기도해 봅니다. 이 발에 새겨지는 영혼의 모습을 주님께서 인정해 주시기를 소망해 봅니다.

나의 묵상 🌿

29일 _ 세상에서 가장 아름다운 발

"그런즉 그들이 믿지 아니하는 이를 어찌 부르리요
듣지도 못한 이를 어찌 믿으리요 전파하는 자가 없이
어찌 들으리요 보내심을 받지 아니하였으면 어찌 전파하리요
기록된 바 아름답도다 좋은 소식을 전하는 자들의 발이여 함과
같으니라"(롬10:14~15)

우리의 발은 비천한 것 같지만, 사실은 가장 심오하고 아름다운
최대의 걸작품입니다. 천재 중의 천재, 레오나르도 다빈치는 이런
말을 했습니다.

"인간 공학상 최대의 걸작이자, 최고의 예술품은 발이다."

하나님께서는 우리의 발을 대단히 경제적이고 정확하게 활동할
수 있게 만들어 주셨습니다. 발은 각각 26개의 뼈로 되어 있고, 양
발을 합치면 총 52개의 뼈를 가지고 있습니다. 인간의 뼈 206개 중
에서 25퍼센트를 차지합니다. 또한 양쪽 38개의 근육과 214개의 인
대와 수백 개의 혈관으로 이루어져 있습니다.

우리가 걸어가는 그 단순한 행동 하나에도 이 수많은 복잡한 인체 공학이 작용하고 있습니다. 사람의 발은 걸을 때 자신의 몸무게의 3배를 견디고 뛸 때는 7배의 무게를 견뎌 냅니다. 인간의 발은 걸어서 지구를 세 바퀴 이상을 돌 수 있는 능력을 가지고 있습니다. 하나님께서 이렇게 놀라운 능력의 발을 우리에게 주신 이유는 걸으라는 뜻입니다.

그런데 그냥 무작정 걷는 것이 아닙니다. 이토록 최첨단의 발을 선물로 받았다고 한다면, 우리의 발은 그 가치의 진가를 드러내는 걷기를 해야 합니다. 바울은 세상에서 가장 아름다운 발을 '좋은 소식을 전하는 자들의 발' 이라고 합니다. 즉 전도자의 발 입니다.

저희 부부가 병원을 개원할 때 우리가 하나님께 서원하며 기도했던 것은 선교하고 복음 전하는 병원을 만들겠다는 것 이었습니다. 부끄럽지만 그 비전과 서원에 이끌려 18년을 달려 왔습니다.

그 동안 다녔던 국내, 국외의 수 많은 선교지들이 주마등처럼 지나갈 때가 있습니다. 가장 '나'다웠을 때가 언제였을까? 가장 '나'이고 싶은 순간이 언제였을까? 하는 물음을 던질 때면, 늘 그 선교지들이 떠오릅니다.

지진으로 가족을 잃고 피 멍든 가슴을 움켜 쥐고 앉아 있던 아이티 사람들! 길 바닥에 널브러져 퀭한 눈으로 우리를 우러러보던 난민들! 귀신 들린 네팔 소녀들의 초점 없는 눈동자! 뼈만 앙상하게 남아 나무 토막 같이 비틀비틀 걸어오던 아프리카 사람들! 예수가 없는 사람들! 예수가 필요한 사람들! 예수를 갈망했던 사람들! 내 발이 가야 할 곳 입니다. 우리가 걸어가야 할 걸음들입니다.

나의 묵상 🌿

_____

_____

_____

_____

_____

_____

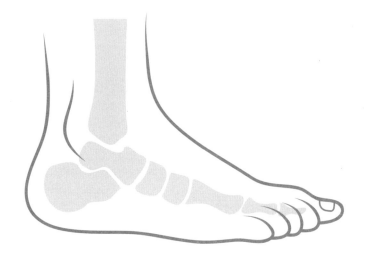

30일 _ 사람의 발이 가장 특별한 이유

"보라 처녀가 잉태하여 아들을 낳을 것이요
그의 이름은 임마누엘이라 하리라 하셨으니 이를 번역한즉
하나님이 우리와 함께 계시다 함이라"(마1:23)

인간의 발은 한계를 가지고 있습니다. 인간의 발이 최고의 공학적 설계로 이뤄졌으나 모든 동물들 중에서 최고는 아닙니다.

아름다움의 측면에서 인간의 발은 최정상이 아닙니다. 오히려 고양이의 발이나, 사슴의 발이 훨씬 더 아름답습니다. 여자들이 하이힐을 신는 이유는 동물들처럼 종족 골을 길게 보이게 해서 늘씬하고 몸매 좋아 보이려고 하는 데서 나온 것입니다. 그만큼 인간의 발은 동물들에게서 아름다움을 흉내 내려고 했습니다.

힘의 측면으로 볼 때 인간의 발은 그리 강하지 않습니다. 아무리

발을 단련시켜도 곰, 호랑이나 사자, 코끼리의 발을 당해 낼 수 없습니다. 인간의 발은 맹수들처럼 날카로운 발톱도 가지고 있지 못합니다.

스피드 면에서도 인간의 발은 최고가 아닙니다. 100m를 9.58초에 달리는 '우샤인 볼트'의 빠른 발도 아무리 빨라 봐야 시속 40km 정도 밖에 그것도 아주 잠깐 밖에 내지 못합니다. 순간 속도를 120km까지 끌어 올리는 치타의 입장에서 보자면, 인간의 발 수준은 형편없는 겁니다.

진화론의 관점으로 볼 때 인간은 진화가 잘 되었을까요? 후각의 관점에서 보자면, 인간은 개 보다 200배나 덜 진화된 미개한 종족입니다. 기린의 입장에서 보자면 인간은 꼬마에 지나지 않습니다. 물고기가 볼 때 인간은 물에 빠져 죽는 한심한 존재들입니다.

하나님은 모든 피조물들을 하나님의 의도와 뜻에 맞게, 모두 소중하게 만드셨습니다. 인간에겐 뛰어난 뇌를 주시고, 치타에겐 스피드를 주시고, 원숭이에겐 나무에 매달리게 하는 능력을 주시고, 물고기들에게는 지느러미를 주셔서 물 속을 헤엄치게 해 주셨습니다. 새들에게는 날개를 주어, 하늘을 날 수 있게 해 주었습니다. 모든 피조물들에게 각각 "네가 그 분야에선 최고야." 하는 기능들을 주셨습니다.

그렇다면 다른 동물들과 달리 하나님께서 인간에게만 허락하신 최고의 능력은 무엇일까요? 바로 그것이 '임마누엘'입니다. 하나님과 함께 하심입니다.

하나님께서는 기린과 낙타, 사자 나 곰 그 어떤 동물들과 함께 걸으시지 않습니다. 오직 우리 사람 하고만 함께 걸어가기 원하십니다. 빠르지 못해도, 강하지 못해도, 달리 특별한 것이 없지만 사람과만 함께 걷기 원하십니다. '요한 웨슬리'의 말처럼
"이 세상에서 가장 좋은 것은 하나님께서 우리와 함께 하시는 것이다."라는 것입니다.

나의 묵상 🌿

_____

_____

_____

_____

_____

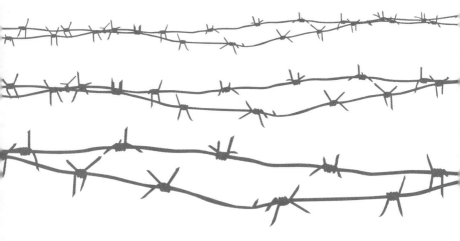

31일 _ 구속 안에서의 자유

"수고하고 무거운 짐 진 자들아 다 내게로 오라
내가 너희를 쉬게 하리라 나는 마음이 온유하고 겸손하니
나의 멍에를 메고 내게 배우라 그리하면 너희 마음이 쉼을
얻으리니 이는 내 멍에는 쉽고 내 짐은 가벼움이라 하시니라"
(마11:28~30)

동독에서 개 한 마리가 베를린 장벽을 넘어 왔습니다. 그러자 서독의 개가 동독의 개에게 묻습니다."애, 너 왜 넘어왔니? 먹을 거가 없어서 넘어 왔니? 집이 없어서 넘어 왔니?"

그러자 동독 개가 "모르는 소리 말아. 먹을 거 없는 거, 집 없는 거. 그런 거는 견딜 만해. 정작 힘든 게 뭔 줄 아니? 모름지기 개는 짖고 싶을 때 마음대로 짖어야 되는 거야. 동독에선 어디 마음 놓고 짖을 수가 있어야지. 내가 넘어온 건 답답해서 넘어 온 거야." 하였답니다.

모든 생명들이 갈망하는 한 가지 주제가 자유입니다. 우리 안에

가둔 침팬지에게 알파벳을 가르쳐서 하고 싶은 말을 쓰게 했더니 그 말 못하는 동물이 쓴 글이 "나를 여기에서 나가게 해 달라." 는 말이었다고 합니다.

그러나 예수님께서는 우리에게 전혀 다른 차원에서의 자유를 말씀하십니다. 수고하고 무거운 짐 진 자들인 우리에게 어떤 자유를 주시느냐? 하면 "나의 멍에를 메고 내게 배우라."고 하십니다. 자유가 아닌 멍에를 얹어 주시겠다고 하십니다.

멍에란 예수 그리스도 안에 있는 '구속 안에서의 자유'입니다.

어렸을 때 아버지와 함께 먼 곳을 갔다가 집으로 걸어서 돌아오던 날이 있었습니다. 해가 넘어가는 어스름한 저녁 때쯤, 어린 저에게는 집으로 돌아오는 길이 너무도 무섭고 멀게 느껴졌습니다. 그런 저를 아버지께서 업어 주셨습니다. 아버지의 등은 넓었습니다. 그리고 아버지의 어깨는 든든했습니다. 바로 그 날이 제 작은 가슴 속에 아버지의 어깨 안에서 느끼는 자유 함이 얼마나 위대한지 각인되는 순간이었습니다.

예수님께서는 우리의 어깨로 우리의 짐을 지라고 하시지 않습니다. 그것이 불행의 시작이요, 자유를 잃은 속박된 인생의 길입니다. 우리의 자유는 예수 그리스도의 어깨에 있습니다. 예수님이 내 짐을 지고 가시고, 우리는 그 어깨에 기대는 인생이 될 때, 그렇게 구속된 어깨가 될 때 우리는 자유할 수 있습니다.

나의 묵상

_____

_____

_____

_____

_____

_____

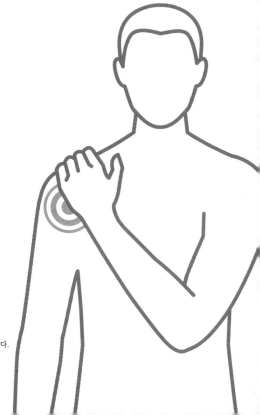

어깨의 '약함'을 아는 것이 겸손이고 사랑이다.

32일 _ 어깨의 '약함'을 아는 것이 겸손이고 사랑이다.

"그런데 지금 너희가 어찌하여 하나님을 시험하여
우리 조상과 우리도 능히 메지 못하던 멍에를
제자들의 목에 두려느냐"(행15:10)

현대인들은 어깨를 무리하게 혹사 시킵니다. 병원에 찾아오는 사람들만 아니라, 거의 대부분의 성인들이 뭉친 어깨로 인해 고통을 호소합니다.

몸짱을 만들려고 무리하게 운동을 하다가 석회화성 건염이 생기기도 하고, 한계를 무시하고 무거운 것을 들다가 이두박근이 찢어지기도 합니다. 어깨가 얼어 붙는 것 같다는 오십견에 걸리기도 하고, 여성들의 경우 폐경을 맞고 호르몬이 적어지면서 관절이 달라붙기도 합니다.

사람들은 어깨가 강한 줄로 압니다. '여자는 골반, 남자는 어깨'라는 말도 있습니다. 남자들은 남성다움의 상징을 떡 벌어진 넓은 어깨라고 생각을 합니다. 그래서 넓고 강해 보이는 어깨를 만들려고 합니다.

그러나 사실 인간의 어깨는 연약합니다. 넓은 어깨를 만들어내기 위해 열심히 운동을 하지만, 사실은 어깨가 넓어지는 것이 아닙니다. 팔의 근육이 부풀어지고 얼굴 살이 빠지면서 어깨가 넓어 보이는 것이지, 선천적인 어깨의 구조가 커지는 것은 아닙니다.

스포츠의 역사를 보면 인간의 어깨는 크게 발전하지 못한 것을 알 수 있습니다. 100m 달리기의 경우 '우사인 볼트'가 9초 58의 신기록을 가지고 있는데, 원래 육상이 시작할 때 기록은 11초대 였다고 합니다. 엄청난 발전입니다. 마라톤의 경우는 초기보다 30분 이상 단축 되었고, 멀리 뛰기는 거의 2m 이상 더 뛰게 되었습니다.

그러나 순수하게 어깨를 쓰는 야구의 경우를 보면 구속의 큰 변화가 이뤄지지 않았습니다. 100년 전에도 160km를 던져 내는 선수들이 있었습니다. 또 고등학생들도 150km 이상을 던지는 선수들이 있는데, 아무리 열심히 어깨를 발전시켜도 거기에서 크게 더 진전을 이뤄내지 못합니다.

이렇듯 어깨는 그리 강하지 않게 창조되었습니다. 하나님께서 인간의 어깨에 그리 무거운 짐을 지는 것을 허락하지 않았다는 뜻입니다. 하나님께서 우리의 어깨를 약하게 만들어 주셨다는 것은 우리에게 두 가지 의미를 일깨워 줍니다.

하나는 스스로를 과신하지 말라는 뜻입니다. 교만하지도 말고, 자기 자신을 너무 믿지도 말라는 뜻입니다. 또 하나는 내 어깨가 약함만큼 다른 사람들의 어깨도 연약하다는 것을 기억하라는 뜻입니다. 자신에게도 무거운 짐은 타인에게도 무겁다는 것을 알고 과중한 짐을 지게 하지 말라는 것입니다.

내 어깨의 연약함을 아는 것이 겸손입니다. 타인의 어깨의 연약함을 아는 것이 사랑입니다.

나의 묵상

부드러운 어깨가 승리한다.

33일 _ 부드러운 어깨가 승리한다.

"손을 주머니에 넣어 돌을 가지고 물매로 던져
블레셋 사람의 이마를 치매 돌이 그의 이마에 박히니 땅에
엎드러지니라"(삼상17:49)

동물들과 인간의 신체를 비교하면, 인간은 그리 강한 곳이 별로 없습니다. 그런데 인간에겐 강함이 아니라 부드러움을 통해서 탁월함을 발휘하는 부위가 있습니다. 그 곳이 바로 어깨입니다.

대표적인 것이 야구입니다. 프로 야구선수들은 공을 160km 이상의 강속구를 던져 내는데, 이 정도의 공을 던질 수 있는 존재는 인간 밖에 없습니다. 힘이 센 고릴라나 침팬지가 공을 던져도, 50km 이상 나오지 않습니다. 그런데 인간은 초등학생만 되어도 50km 이상은 던질 수 있습니다.

해부학적으로 봤을 때, 우리 몸에는 143개의 관절이 있습니다. 그 중 360도 돌아가는 유일한 관절이 어깨관절입니다. 그것도 앞 뒤로 돌아갑니다. 빠른 공을 던질 수 있는 힘은 어깨의 회전운동에서 나오는 힘입니다. 어깨에 있는 인대와 힘줄이 고무줄 역할을 해서 탄성에너지를 만들어 내는 까닭입니다.

부드러움이 능히 강함을 이긴다는 말이 있습니다. 대표적인 운동이 유도입니다. 유도는 부드러움으로 강함을 제압하는 무도입니다. 업어치기, 메치기, 밧다니 걸기, 모든 기술에 어깨가 사용됩니다. 그런데 그 기술이 사용될 때마다, 어깨에는 힘이 들어가지 않아야 합니다. 어깨에 힘을 주는 스포츠는 없습니다. 골프, 야구, 당구, 배구 농구 모두 어깨에 힘을 빼고 해야 하는 운동입니다.

어깨에 힘을 주는 것은 허세와 교만과 연관됩니다. 싸우려고 할 때, 자기를 과장할 때 어깨에 힘을 줍니다. 불량배를 어깨라고 하는 것이 그 이유입니다.

어깨를 잘 써서 승리한 사람의 경우가 다윗입니다. 다윗은 강한 어깨가 아니라 부드러운 어깨를 가지고 나갔습니다. 다윗은 손에 물맷돌을 들고 있었습니다. 그 물맷돌이 바로 부드러운 어깨의 표현입니다. 줄에 돌을 걸어 어깨를 회전시켰습니다. 그리고 그의 부드러운 어깨의 회전이 강한 어깨인 골리앗을 단숨에 제압해 버린 것입니다.

 강한 것은 죽음에 가깝습니다. 부드러운 것이 생명에 가까운 것입니다. 사람이 죽어 시체가 되면 온 몸이 굳어 딱딱해지지만, 생명력이 진동하는 어린 아이들은 한없이 부드럽고 말랑말랑한 것입니다.

 우리 어깨가 그렇습니다. 강한 어깨, 힘 들어간 어깨는 죽음에 가깝습니다. 자신의 강함을 내려 놓고 겸손하게 하나님 앞에 머리 숙인 인생이 생명에 가까운 삶이요. 건강한 어깨로 사는 길입니다.

나의 묵상

예수님은 우리의 어깨 동무

34일 _ 예수님은 우리의 어깨 동무

"나팔 소리로 찬양하며 비파와 수금으로 찬양할지어다 소고 치며
춤 추어 찬양하며 현악과 퉁소로 찬양할지어다 큰 소리 나는
제금으로 찬양하며 높은 소리 나는 제금으로 찬양할지어다
호흡이 있는 자마다 여호와를 찬양할지어다 할렐루야"

(시15:3~6)

이사야 9장을 보면, 하나님께서 우리에게 한 아기를 주셨는데 그
어깨에 정사가 메어 있다고 하십니다. 정사란 정부나 제국을 의미
합니다. 예수님께서 그 어깨로 나라를 메고 계시다는 뜻입니다. 우
리 모두가 그 분의 어깨에 메여 있습니다.

또 예수님께서는 우리에게 이렇게 말씀하십니다.
"수고하고 무거운 짐을 진 자들아 다 내게로 오라 내가 너희를 쉬
게 하리라 나의 멍에를 메고 내게 배우라." 우리의 어깨에 있는 무
거운 짐을 다 내려 놓고, 예수님께서 주시는 멍에를 어깨에 메라고
하십니다.

예수님은 예수님의 어깨로 우리를 메었고, 우리는 예수님의 어깨를 멍에로 메었습니다. 예수님과 우리가 어깨동무가 되었습니다. 하나님도 예수님도 우리도 어깨가 되었습니다. 어깨로 하나가 되었습니다. 우리 모두 어깨 동무가 된 것입니다.

어깨 동무는 친구라는 말입니다. 같이 걷고, 같이 노래하고, 같이 춤을 추는 서로에게 가장 행복한 친구라는 뜻입니다. 어깨 동무를 하면 길의 방향이 같아집니다. 발걸음이 하나가 됩니다. 콧 노래를 부르게 되고, 너무나 행복해서 춤을 추게 됩니다.

인간의 어깨는 원숭이처럼 나무에 매달리기에 적합한 구조가 아닙니다. 고릴라처럼 무거운 돌을 들어올리는 구조도 아닙니다. 유연함이야 말로, 어깨의 구조가 가진 최고의 기능입니다.

사람이 가장 큰 깨달음이나 극한의 기쁨에 이르게 되면 춤을 춥니다. 덩실 덩실 춤을 출 때 핵심 역할을 하는 부위가 어깨입니다. 360도 회전하는 어깨가 그 기능을 가장 잘 발휘하는 순간이 춤입니다.

하나님께서는 우리와 함께 최고의 행복인 춤을 추자고 어깨를 주셨습니다. 복 중의 복은 어깨 동무입니다. 우리의 말과 소망과 염원이 예수님과 같아지는 것입니다. 마음이 하나요, 뜻이 하나요, 길이 하나가 되면 말이 노래가 됩니다. 몸 짓이 춤이 됩니다.

천국은 오직 희락과 화평이라고 하였습니다. 모든 슬픔과 눈물이 닦여진 곳, 더 이상 바랄 것이 없는 천국에서 우리는 노래하게 될 것입니다. 우리는 오직 춤 추게 될 것입니다. 오늘은 피곤하고, 오늘은 눈물을 흘리지만, 내일 우리는 그리스도 안에서 그 희락의 아침을 보게 될 것입니다.

나의 묵상 🌿

_____

_____

_____

_____

_____

_____

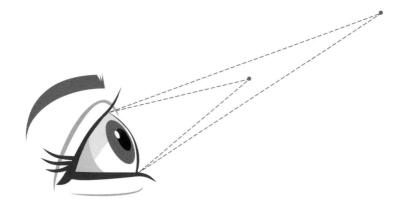

35일 _ 시선을 올리면 근육이 펴진다.

"모세가 광야에서 뱀을 든 것 같이 인자도 들려야 하리니 이는 그를 믿는 자마다 영생을 얻게 하려 하심이니라"(요3:14~15)

내가 여기에 있는 것, 내가 존재하고 있는 것, 이 모든 것은 우연이 아니라, 하나님께서 행하신 사건입니다. 나를 창조하시고, 나와 관계를 맺으시고, 나를 주도해서 당신의 뜻을 이루어가시는 사건으로 존재하는 것입니다.

생명을 사건이 아니라 사물로 밖에 이해하지 못하는 니고데모는 예수님께서 말씀하시는 거듭남의 사건을 이해하지 못합니다. 그는 율법과 하나님과 자신을 개념으로 이해하고 있었습니다. 율법은 율법, 나는 나 이런 식으로 말씀이 일으키는 사건으로 자신을 이해할 수 없었습니다.

"내가 어떻게 모태에 다시 들어갔다고 나올 수 있습니까?" 라는 말은 생명을 하나님이 일으키는 사건으로 보지 못한다는 뜻입니다. 그런 니고데모에게 예수님은 거듭남이라고 하는 사건을 말씀해 주십니다. "사람이 물과 성령으로 거듭나지 아니하면 하나님 나라를 볼 수 없느니라." 거듭남이란 말씀과 성령이 일으켜 내는 놀라운 사건이라는 것입니다.

오늘 여기에 존재하고 있는 '나'가 바로 하나님께서 만드신 사건입니다. 내가 숨쉬고, 내가 움직이고, 내가 살아가고 있지만, 이 모든 것들이 하나님께서 일으켜 내신 은혜요, 놀라운 사건인 것입니다.

하나님의 은혜인 거듭남을 사건으로 체험하지 못하는 이유는 무엇일까요? 저는 그 이유가 현대인들의 근육 탓이라고 생각을 합니다.

정형외과 의사의 눈으로 볼 때 현대인들의 질병의 대부분은 잘못된 자세 때문입니다. 앉아 있는 자세, 서 있는 자세, 잠을 자는 자세가 잘못되어 근육과 척추의 변형을 일으키게 됩니다.

잘못된 자세들은 어디에서 왔을까요? '시선'에서 온 것입니다. 코 앞에 있는 것에 시선이 가고, 이 땅에 있는 것들에 시선을 두다 보니, 몸을 웅크리고, 허리를 숙이고, 몸에 힘을 잔뜩 주게 되어 근육에 이상이 오고, 뭉친 근육으로 인해 혈관이 좁아지고, 신경과 척추에 문제를 일으키게 되는 것입니다.

우리의 몸의 구조는 우리 눈이 땅을 볼 때 근육이 뭉치게 되어 있습니다. 우리의 머리가 하늘을 바라 볼 때 근육이 펴지고, 경직된 몸이 풀리고 바로 세워지게 되어 있습니다.

예수님의 말씀을 전혀 이해하지 못했던 니고데모가 장대에 매달리신 놋 뱀, 그리스도를 올려다 보게 되었을 때, 그는 이해하지 못하던 거듭남의 축복을 얻었습니다. 사물이던 그의 인생이 사건이 된 것입니다.

나의 묵상 🌿

_____

_____

_____

_____

_____

근육도 감정을 느낀다.

36일 _ 근육도 감정을 느낀다.

"사람의 심령은 그의 병을 능히 이기려니와 심령이 상하며
그것을 누가 일으키겠느냐"(잠18:14)

　우리의 얼굴 표정을 만들어 내는 것은 근육입니다. 슬픈 표정, 화난 표정, 우울한 표정, 환하게 웃는 표정들을 얼굴이 지어내는 것 같지만, 사실은 얼굴에 있는 30개의 근육들이 서로 상호 작용을 하면서 수천 가지의 표정을 만들어 냅니다.

　청각을 통해 듣게 되는 것도 근육이 없이는 불가능합니다. 고막에서 흔들린 소리를 30배로 확대해서 달팽이 관에 연결을 해 주는데 이 뼈들을 움직이게 해 주는 것이 바로 근육입니다. 냄새를 맡는 것도 근육이 없이는 불가능 합니다. 콧구멍을 좁히거나 찡그리는 것도 근육이 감당하는 역할입니다.

시각도 마찬가지입니다. 눈동자를 움직이는 것에도 6개의 근육이 함께 움직이고 있습니다. 눈 안에 조리개가 눈동자를 커지게 하고 작아지게 하는 것도 근육이 하는 일입니다. 홍채라고 하는 작은 근육을 움직여서 환하게 보기도 하고, 어둡게 보기도 합니다. 멀리 있는 것과 가까이 있는 것을 가려서 보게 되는데, 이 또한 모양체라고 하는 근육이 하는 일입니다.

맛을 보는 미각도 마찬가지입니다. 맛을 보려면 혀가 있어야 하는데, 이 혀가 근육 덩어리입니다. 손으로 만지는 촉각은 더 말할 이유도 없습니다. 손가락을 펼치고 잡고 만지는 모든 활동 역시 근육에 의해 움직이는 것입니다.

근육을 이야기할 때 '데이비드 호킨스'라는 박사를 거론할 필요가 있습니다. 보통 호킨스를 '의식 지도'의 창시자라고 합니다. 그는 우리 몸의 근육이 내 몸에 해로운 것과 접촉하면 힘이 빠지고, 좋은 것에 접촉되면 힘이 세지는 것에 착안을 합니다. 사랑이나, 기쁨, 평화와 같은 것들에는 우리 몸의 근육이 긍정적으로 반응을 하고, 두려움이나 분노 슬픔 같은 대상에게는 부정적인 반응을 한다는 겁니다.

근육도 감정을 가지고 있습니다. 부정적인 생각, 남을 비난하거나, 공격하려는 대상들을 만나면 내 이성이 판단하기 이전에 우리 몸의 근육은 잔뜩 수축하면서 방어 태세를 보입니다.

반대로 사랑이 많고 온화한 대상을 만나면 뇌에서 명령을 내리지도 않았는데, 근육은 한없이 부드러워지고 행복해합니다. 작고 연약한 여자의 근육이지만, 아이를 누르고 있는 차를 혼자 들어올리기도 하는 것이 근육의 신비인 것입니다.

우리의 근육은 거짓 보다는 진실에 긍정적인 감정을 느낍니다. 그리고 잠재적인 놀라운 에너지를 만들어 냅니다. 슬픔 보다는 기쁨에, 불의함 보다는 정의에 좋은 감정과 에너지를 만들어 내는 것입니다.

나의 묵상 🌿

_____

_____

_____

_____

_____

_____

'죽음'은 '죽음'으로 심판한다.

37일 _ '죽음'은 '죽음'으로 심판한다.

"예수께서 다시 크게 소리 지르시고 영혼이 떠나시니라 이에
성소 휘장이 위로부터 아래까지 찢어져 둘이 되고 땅이
진동하며 바위가 터지고 무덤들이 열리며 자던 성도의 몸이
많이 일어나되"(마27:50~52)

우리 기독교를 피의 종교라고 합니다. 신 구약 전체를 관통하는
하나의 주제를 이야기하라 한다면 '피'라고 말을 해도 과언이 되지
않습니다. 왜 그토록 피가 중요할까요? 왜 기독교를 피의 종교라 말
하는 것일까요?

저는 직업상 피를 많이 보게 됩니다. 환자들의 몸에서 흐르는 피
를 닦아내다 보니 피에 관해 많은 묵상을 하게 됩니다. "왜 예수님
의 피가 우리의 모든 죄를 깨끗게 하는 능력이 될까?"

예수님께서 죽으신 골고다는 '해골'이라는 뜻 입니다. 해골은 곧

인간이 절대로 극복해 낼 수 없는 '죽음'의 상징입니다. 성경은 '죽음'을 '죄의 삯'이라고 말씀합니다. 예수님의 공 생애의 마지막이 해골인 골고다에서 이루신 것은 모든 인간이 죄로 말미암아 맞이하게 될 '죽음'이라고 하는 절대 권세를 무찌르셨다는 것을 의미하는 것입니다.

죽음이라고 하는 해골의 정수리에 십자가를 꽂아 승리하신 사건이 바로 '십자가의 피 흘리심'이라는 것입니다. 그 해골이 바로 우리 모두를 장악하고 있는 절대 권세였는데, 예수님께서 그 절대적인 권세의 정수리를 찌르심으로 '죽음'을 '죽음'으로써 심판하신 것입니다.

예수님의 피를 바른 우리들은 '예수님의 죽으심'으로 '나의 죽음'을 심판한 것입니다. '죽음'이라고 하는 권세가 죽어 버림으로써, 내게 죽음을 선언한 죄 역시 도말 되어 버린 것입니다.

골고다가 바로 내 존재의 원형입니다.
"나는 죽음입니다. 나는 해골입니다." 그런데 2000년 전 예수님께서 내 원형인 해골에 피를 흘려 주셨습니다. 그 피로 해골을 적셔 주셨습니다. 그 피로 나를 적셔 주셨습니다. 그 피로 죽음을 박살내 버리신 것입니다.

그리고 골고다에 흐르는 그 피가 내게도 흐르고 있는 것입니다. 피로 죽음을 이겨내신 승리의 액체가 우리 모두에게 흐르고 있는 것입니다.

나의 묵상 🌿

_____

_____

_____

_____

_____

_____

38일 _ 생명이란 '연결'이다.

"내 안에 거하라 나도 너희 안에 거하리라 가지가 포도나무에 붙어 있지 아니하면 스스로 열매를 맺을 수 없음 같이 너희도 내 안에 있지 아니하면 그러하리라"(요15:4)

'톰 행크스'가 주연한 '캐스트 어웨이'라는 영화가 있습니다. 영화의 제목처럼 주인공은 무인도에 '멀리 던져진' 신세가 됩니다. 저는 이 영화가 인간의 공포를 잘 보여준 영화라고 생각합니다.

그 영화에서 주인공이 가장 집착했던 대상이 바로 '농구공'입니다. 주인공은 농구공에 사람 얼굴을 그려 넣고 '윌슨'이라는 이름까지 지어줍니다. 그리고는 마치 사람을 대하듯이 인격적인 대우를 해 줍니다. 왜 그랬을까요? 공포감을 느꼈기 때문입니다. 인간의 최고의 공포는 '연결'이 끊겼다고 하는 '고립'이라고 말합니다.

또 한편의 '그래비티'라는 영화가 있습니다. '중력'이라고 하는 낯선 제목의 이 영화에서도 섬뜩한 인간의 공포를 이야기합니다. 주인공 '조지 클루니'와 '산드라 블록'이 서로 교신이 끊깁니다. 그리고 주인공은 우주의 무중력 상태에서 한없이 표류할 수 밖에 없는 상황을 만나게 됩니다. 인간의 공포란 무엇인가? 이 또한 역시 '단절'이라는 것을 보여주는 것입니다.

왜 인간은 '단절'이라고 하는 것을 두려워하며, '연결'을 원하는 것일까요? 그 이유는 '단절'은 곧 죽음을 의미하며, '연결'은 곧 생명을 의미하기 때문입니다.

우리 몸의 혈관은 우리에게 연결의 의미를 알려주고 있습니다. 우리의 몸 역시 '연결' 되어 있습니다. 심장과 폐 간과 같은 내부 장기들로부터 몸통과 팔 다리, 그리고 머리, 그 안에 살아 움직이는 100조개의 세포들 모두 '연결' 되어 관계를 맺고 생명을 유지하는 상호 관계를 유지하고 있습니다.

그 모든 관계를 '연결'해 주고 있는 것이 바로 우리 몸의 혈관입니다. 혈관은 혈액이 지나가는 길입니다. 혈액은 잠시도 없어서는 안 될 존재이지만 혈관이 없다면 혈액 자체로서는 움직일 수 없습니다. 혈관이 연결되어 있지 않다면 의미가 없는 것입니다.

하나님은 보이지 않지만 우리와 연결된 관계를 원하십니다. 하나님과의 단절은 먹고 마시고 숨을 쉴지라도 진정한 생명을 누리지 못하는 영적인 죽음의 상태입니다.

예수님께서는 우리에게 너희가 나를 떠나서는 아무 것도 할 수 없다고 하십니다. 예수님과 연결되어 있지 않으면 우린 아무것도 아닙니다. 우리 몸에 보이지 않는 혈관들을 통해 우리의 생명이 연결되어 있는 것처럼 우리의 생명은 예수 그리스도를 통해서 영원한 생명으로 연결되는 것입니다.

나의 묵상 🌿

_____

_____

_____

_____

_____

_____

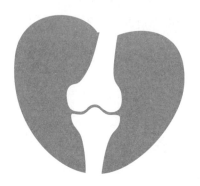

관절의 연골만큼 마음의 연골이 중요하다.

39일 _ 관절의 연골만큼
마음의 연골이 중요하다.

"누구든지 하나님을 사랑하노라 하고 그 형제를 미워하면 이는
거짓말하는 자니 보는 바 그 형제를 사랑하지 아니하는 자는
보지 못하는 바 하나님을 사랑할 수 없느니라"(요일4:20)

관절염이 오는 가장 많은 원인은 연골의 문제입니다. 우리의 무릎
은 허벅지 뼈인 대퇴골과 종아리뼈인 경골이 연결되어 있습니다.
이렇게 뼈와 뼈가 연결된 곳을 관절이라고 합니다. 이런 관절이 우
리 몸에 1,000개 정도가 있습니다.

뼈와 뼈가 연결되어 있기 때문에 관절을 부드럽게 움직이게 해 줄
수 있는 연골이 뼈와 뼈 사이에 채워져 있어야 합니다. 연골이 없으
면 타이어가 없는 자전거를 타고 다니는 것과 같습니다. 쇳덩어리
가 시멘트 바닥을 긁고 다닐 때처럼, 삐걱거리고, 마모되는 현상이
관절에 발생하게 됩니다.

하나님께서 우리 몸에 주신 이 연골이 얼마나 신비로우냐 하면. 아주 단단하면서도 유연성을 가지고 있습니다. 단단하기만 하면 부러지는데, 동시에 유연하여서 뼈와 뼈 사이에 충격을 흡수해주고, 완충해 주는 기능을 해 줍니다. 두껍지도 않고 얇은 두께이면서도 이런 놀라운 기능을 발휘합니다.

저는 사람의 연골을 묵상 할 때 사람과 사람의 관계에서도 관계를 매끄럽게 해 주는 연골이 있어야 한다고 생각합니다.

인간 관계는 마음 맞추기 입니다. 마음과 마음을 맞추는데 소리가 납니다. 맞출 수록 통증이 옵니다. 똑같은 마음인 것 같은데, 서로 부딪히면 그렇게 딱딱하고 뾰족하게 느껴지는 것이 사람의 마음입니다. 마치 연골이 닳아 없어진 것처럼 서로가 서로에게 관절염과 같은 마음의 염증을 일으킵니다.

나이를 먹어가고, 강퍅한 세상에 길들여지면서 물렁 물렁 했던 마음이 딱딱하게 굳어지고, 그 굳어진 마음으로 상대의 마음을 아프게 합니다.

예수님께서는 산상 수훈에서 하나님의 계명의 본 뜻이 사랑임을 보여 주셨습니다. 살인하지 않았다고, 간음하지 않았다고 해서 계명을 지킨 것이 아니라, 형제를 모욕하지도 않고, 미워하지 않는 사랑의 정신, 마음으로도 음욕을 품지 않는 생명 존중의 정신이 없다면 그것이 살인이고 간음이라고 하셨습니다.

마음의 연골이란 사랑입니다. 존중입니다. 사랑과 존중이 없는 마음은 연골이 없는 관절과 같이 서로의 마음을 병들게 하고, 아프게 하고, 무너지게 할 뿐입니다.

우리의 마음 속에 사랑과 존중이라는 연골이 채워져 있을 때 서로의 아픔을 덜어내주고, 서로가 서로에게 부드러운 마음의 속살을 보여주게 되는 것입니다.

나의 묵상

관절염의 특효는 내려놓음이다.

40일 _ 관절염의 특효는 내려놓음이다.

"믿음으로 말미암아 그리스도께서 너희 마음에 계시게 하시옵고
너희가 사랑 가운데서 뿌리가 박히고 터가 굳어져서"(엡3:17)

저는 현대인들의 질병 중 80퍼센트 이상은 스트레스와 깊은 연관이 있다는 확신을 가지고 있습니다. 스트레스란 위기나 위험 혹은 도전의 상황에서 일어나는 긴장 상태라고 할 수 있습니다. 그렇기 때문에 스트레스란 나쁜 것만도 아닙니다. 시험을 앞둔 학생이나, 경기를 앞둔 선수가 긴장 상태에 빠져드는 것은 당연하기 때문입니다.

그러나 문제는 현대인들은 그 긴장 상태가 완화되지 않고 지속된다는 것입니다. 치열한 삶의 생존 전쟁터에서 살아 남으려는 긴장 상태, 수 많은 인간 관계에서 오는 긴장, 소외감과 미래에 대한 두

려움, 자기의 욕망의 성취를 위한 압박, 소음과 혼란, 불안함 등 극도의 긴장 상태로 몰아가는 스트레스가 우리 시대에는 가득 차 있습니다.

스트레스는 관절염뿐 만 아니라, 암을 비롯한 질병 전반을 자극하는 가장 무서운 독소입니다. 모든 존재는 스트레스를 받습니다. 개도 고양이도, 심지어는 풀과 나무들도 스트레스를 받습니다. 결국 스트레스를 받지 않는 존재는 없습니다.

중요한 것은 받을 수 밖에 없는 스트레스를 해결하는 법입니다. 그 해법이 바로 '내려놓음'입니다. 바울은 에베소서 3장 17절에서 이렇게 기도를 합니다. "너희 속 사람을 능력으로 강건하게 하시오며 믿음으로 말미암아 그리스도께서 너희 마음에 계시게 하시옵고"

이 구절을 더 쉽게 풀어보면 이런 뜻이 됩니다. "너희가 그리스도를 믿고 신뢰하는 만큼 그리스도께서 너희 마음에 계신다"라는 것입니다. 즉 예수 그리스도가 내 안에 얼만큼 계시느냐의 문제는 내가 예수님을 신뢰하는 만큼에 달려 있다는 뜻입니다.

가령 내 안에 100이라는 힘이 있고 내가 이 100을 의지하고 있다면 예수님은 내 안에 0으로 있습니다. 내가 100중에서 50을 나를 의지하고 50만 예수님을 신뢰한다면 예수님은 내 안에 50으로 계십니다.

이 세상에 스트레스를 가장 잘 처리하는 존재는 '어린아이'입니다. 어린 아이는 자신의 스트레스를 부모님께 맡기기 때문입니다. 자신이 힘들고 아프다고 하는 상황을 호소하기만 할 뿐, 그 스트레스 자체를 부모에게 맡겨 버립니다. 그리고는 모든 것을 잊고 천진하게 뛰어 놉니다.

스트레스를 해결하는 방법은 주님께 내 삶의 문제를 내려 놓는 것입니다. 그렇게 어린 아이가 되는 것입니다. 어린 아이처럼 오직 그리스도로 가득 채워지는 것입니다.

나의 묵상 🌿

_____

_____

_____

_____

_____

_____

BODY BIBLE
40일 묵상

제목 | 바디 바이블 40일 묵상

초판 | 1쇄 발행 2019년 4월 1일

지은이 | 이창우

펴낸이 | 김정신

책임편집 | 이상완, 유수진

디자인 | 정성진

일러스트 | 이수지, 정성진

펴낸곳 | 서우북스

주소 | 서울시 강남구 논현로 507 성지하이츠3차B/D 107호

이메일 | gsh4u2love@gmail.com

홈페이지 | seowoobooks.com

페이스북 | facebook.com/bodybibles

등록일 | 2018년 4월 17일

책값 | 뒤표지에 있습니다.

ISBN | 979-11-963804-3-4 03230

"서우(瑞友)"는 "남녀노소 모든 사람들에게 복이 되는 친구"라는 뜻으로
서우북스는 문서출판을 통하여 좋은 친구처럼 도움을 주는 일에 주력하고자 합니다.